125

For Jack & Sheila,
    May this book be a small souvenir.
Je me souviens ... I remember the MacKenzies.
            Harry Palmer
                9 Sep 92

125 PORTRAITS

COMPANIONS OF THE ORDER OF CANADA / COMPAGNONS DE L'ORDRE DU CANADA

HARRY PALMER

Foreword by / Avant-propos de :

His Excellency, the Right Honourable Ramon Hnatyshyn, Governor General of Canada

Son Excellence, le très honorable Ramon Hnatyshyn, Gouverneur général du Canada

Essays by / Essais de :

Martha Langford

Canadian Museum of Contemporary Photography

Musée canadien de la photographie contemporaine

Lilly Koltun

National Archives of Canada

Archives nationales du Canada

Canada   Groupe
Communication   Communication
Group   Canada

CANADIAN CATALOGUING IN PUBLICATION DATA

Palmer, Harry, 1930-
125 portraits : companions of the
Order of Canada

Text in English and French
Title on added t.p., inverted: 125 portraits,
compagnons de l'Ordre du Canada.

"125 portraits was launched at the
vernissage of the exhibition Portraits of
the companions of the Order of Canada,
June 16 to September 8, 1992, at the
Canadian Museum of Contemporary
Photography, Ottawa." —Front flap.

"This book was published by the Canada
Communication Group in association with
the Canadian Museum of Contemporary
Photography and the National Archives of
Canada."—Front flap.

ISBN 0-660-57322-9
DSS cat. no. P60-4/3-1992

1. Order of Canada—Membership—
Portraits—Exhibitions. 2. Portraits,
Canadian—Exhibitions. 3. Photography,
Documentary—Exhibitions. 4. Photography
—Canada—Exhibitions. 5. Palmer, Harry,
1930- —Exhibitions. I. Langford, Martha
II. Koltun, Lilly III. Canadian Museum of
Contemporary Photography. IV. Canada
Communication Group. V. National
Archives of Canada. VI. Title. VII. Title:
One hundred and twenty five portraits.
VIII. Title: 125 portraits, compagnons de
l'Ordre du Canada

TR647.P35A4 1992 779'.2'092 C92-099603-5E

**DONNÉES DE CATALOGUE
AVANT PUBLICATION (CANADA)**

Palmer, Harry, 1930-
125 portraits : compagnons de
l'Ordre du Canada

Texte en français et en anglais.
Titre de la p. de t. addit., tête-bêche:
125 portraits, companions of the
Order of Canada.

"On a lancé le recueil, 125 portraits, lors du
vernissage de l'exposition Portraits des
compagnons de l'Ordre du Canada,
qui se tenait au Musée canadien de la
photographie contemporaine, à Ottawa, du
16 juin au 8 septembre 1992."—Jaquette.

"Ce livre est publié par le Groupe
Communication Canada en collaboration
avec le Musée canadien de la photographie
contemporaine et les Archives nationales
du Canada."—Jaquette.

ISBN 0-660-57322-9
Cat. MAS no P60-4/3-1992

1. Ordre du Canada—Adhésion—Portraits—
Expositions. 2. Portraits canadiens—
Expositions. 3. Photographie
documentaire—Expositions. 4. Photographie
—Canada—Expositions. 5. Palmer, Harry,
1930- —I. Langford, Martha II. Koltun, Lilly
III. Musée canadien de la photographie
contemporaine. IV. Groupe Communication
Canada. V. Archives nationales du Canada.
VI. Titre. VII. Titre : Cent vingt-cinq
portraits. VIII. Titre : 125 portraits,
companions of the Order of Canada.

TR647.P35A4 1992 779'.2'092 C92-099603-5F

The portraits in this book are remarkable, both for their artistic quality and for the reach of Harry Palmer's work: the fresh, revealing insights into the nature of Canada that it offers.

All 125 men and women pictured here are Companions of the Order of Canada, an honour created in 1967, in the heady days of our centennial celebrations. The atmosphere of that time enabled us to look at ourselves with a new, and newly confident, sense of who we are and what we can accomplish. Filled with pleasure in the past and optimism for the future, Canadians decided that we should recognize those remarkable men and women in every field, from every part of the country, who make life better for their region, for their fellow citizens, or for all humankind. Since then, members of the Order have comprised an elite — not of birth or wealth or position — but of talent, energy, and commitment to service.

Appointment to the Order of Canada as either Companion, Officer or Member is the highest honour for service or achievement this country can bestow on its citizens. From its inception, the Order has been unique in its openness: any individual or organization may nominate any living Canadian as a candidate.

Nominations are submitted to a council of distinguished men and women, some of whom are members of the Order. In meetings that take place twice each year, they consider nominees, with particular emphasis on each individual's record of service. Has it been of lasting value to the community? Has it been of local, national, or international importance? Does such service go beyond the ordinary standard for that person, given his or her field of endeavour and position?

In other words, the business leader who "gave at the office" is carrying out the responsibilities that come with success. But the one who has gone further, contributed beyond the norm, done the unexpected — *that* person is the candidate for the Order. Those selected have used personal resources of every kind for the good of all, whether recruiting for a cause, donating time, raising funds, offering professional expertise — doing whatever it takes to get the job done.

Many of the faces you see will be familiar. But, because the Order's standard is based on service rather than celebrity or affiliation, you may not recognize them all. You will find they include scientists whose work has made life easier, or even possible, for others; artists whose talents have enriched our lives and who have acted as mentors and guides for aspiring newcomers to their disciplines; businesspeople whose ideas and determination have been the catalysts for entire communities and industries — a roll call of people whose dedication has energized social, educational, artistic, medical, and religious causes across this country.

The motto of the Order of Canada is compellingly direct: "They desire a better country." As we honour what they have achieved, I hope Canadians will be inspired to carry on in that tradition. I encourage you to reflect on the contributions of your own neighbours, friends, and co-workers. Some of them, some of you, I am sure, are deserving of recognition and, I hope, will one day join this illustrious company.

His Excellency,
the Right Honourable Ramon John Hnatyshyn, P.C., C.C., C.M.M., C.D., Q.C.
Governor General of Canada and Chancellor and Principal Companion of the Order of Canada

Les portraits qui ornent les pages de ce livre sont remarquables tant pour leur qualité artistique que pour la portée de l'art de Harry Palmer et pour la fraîcheur des aperçus qu'ils nous donnent de la nature du Canada.

Les 125 hommes et femmes représentés ici sont des Compagnons de l'Ordre du Canada, une distinction honorifique instituée en 1967, dans l'euphorie de la célébration du centenaire. L'atmosphère qui régnait à l'époque nous a inspiré une confiance nouvelle ainsi qu'un sentiment plus net de notre identité et de ce que nous pouvons accomplir. Les Canadiens, fiers de leur passé et optimistes quant à l'avenir, ont décidé de reconnaître les personnes exceptionnelles dans tous les domaines et dans toutes les régions du pays qui contribuent au mieux-être de leur région, de leurs concitoyens, voire de l'humanité tout entière. Depuis ce temps, les membres de l'Ordre forment une élite — non pas par la naissance, la richesse ou la position sociale — mais par le talent, l'énergie et le dévouement à la collectivité.

La nomination au grade de compagnon, d'officier ou de membre de l'Ordre du Canada est la plus grande marque d'appréciation que puisse accorder le Canada à ses citoyens. Depuis le début, une des caractéristiques uniques du processus de nomination est l'absence de restrictions : toute personne ou tout organisme peut proposer la candidature de Canadiens vivants.

Les candidatures sont soumises à un conseil formé de citoyens et de citoyennes éminents, dont certains font partie de l'Ordre. Lors de réunions qui ont lieu deux fois par année, ils examinent les candidatures en s'intéressant tout particulièrement aux services rendus à la collectivité. La personne a-t-elle accompli des réalisations qui profiteront longtemps à la collectivité? Son action revêt-elle une importance locale, nationale ou internationale? Cette action est-elle supérieure à la norme compte tenu du domaine d'activité et de la position de la personne?

En d'autres termes, le chef d'entreprise qui fait des dons de charité s'acquitte des obligations qui sont la rançon du succès. Mais la personne qui va au-delà de la norme, qui fait plus que ce qu'on attend d'elle, est celle qui peut être une candidate pour recevoir l'Ordre du Canada. Les candidats retenus ont investi leurs ressources personnelles pour améliorer le sort d'autrui, que ce soit en recrutant des appuis pour une cause, en donnant de leur temps, en recueillant des fonds, en fournissant des services professionnels ou de quelque autre façon. Ils ont vu ce qu'il y avait à faire, et ils l'ont fait.

Beaucoup de ces visages vous seront familiers. Mais, comme les critères de l'Ordre reposent sur le service à la collectivité et non sur la célébrité ou l'affiliation, vous ne les reconnaîtrez pas tous. Vous trouverez parmi eux des scientifiques qui ont rendu la vie plus facile à certains ou qui ont permis à d'autres de vivre tout simplement; des artistes dont les talents ont enrichi nos vies et qui ont servi de guides et de mentors auprès de la relève; des gens d'affaires dont les idées nouvelles et la détermination ont été les catalyseurs de collectivités et d'industries entières — ensemble, ils ont servi avec zèle des causes sociales, éducatives, artistiques, médicales et religieuses d'un bout à l'autre du pays.

La devise de l'Ordre du Canada le dit bien : « Ils aspirent à une patrie meilleure ». J'espère que ces réalisations sauront inspirer les Canadiens et les Canadiennes à maintenir cette tradition. Je vous encourage à réfléchir à la contribution de vos propres voisins, amis et collègues. Certains d'entre eux, certains de vous, même, méritent sûrement une récompense et seront peut-être admis un jour dans cette illustre compagnie.

Son Excellence,
le très honorable Ramon John Hnatyshyn, C.P., C.C., C.M.M., C.D., C.R.
Gouverneur général du Canada et Chancelier et Compagnon Principal de l'Ordre du Canada

In 1984, Harry Palmer decided to photograph the Companions of the Order of Canada. He had just completed another photographic project, his book on Calgary, which included not only views of the city but portraits of its distinguished citizens, among them a Companion. Chatting with his subject, Palmer realized that he had only the vaguest notion of the Canadian honours system and he was intrigued. He soon learned that the Order of Canada had been established in 1967; there were already some 1,200 members, including the 150 who had been elevated to the highest level as Companions. Palmer had already photographed one and was determined to do the rest. It should be said immediately that had he known what he was getting into, he probably would have gone ahead anyway. After all the effort and dedication of these seven years, Palmer's curiosity about his subjects and his enthusiasm for the project as a whole are unabated.

A typological approach to portraiture is not unusual; one thinks immediately of Walter Curtin's musicians, Larry Chrismas's miners, or Sam Tata's writers. Documentary photographers traditionally have conceived their work as discrete projects. An approach to portraiture driven by extrinsic criteria and resulting in a representative sampling of a group is a hybrid genre that joins the social sciences of notation and indexation to the expression of uniqueness and intimacy that we expect from the individual portrait. What separates Palmer's subject group from those of Curtin, Chrismas and Tata is its eclectic nature. We are not looking at and comparing people of like tendencies or talents. Instead we are presented with people of varied accomplishment — intellectual, social, physical, political or combinations thereof — where the common denominator is their official recognition by their country, Canada. Palmer's choice of project was an expression of faith in the Canadian honours system and the beginning for him of a great adventure. Furnished with a list and a letter of introduction, Palmer went forth to discover his subjects, sometimes knowing almost nothing of their work.

Even for a man as organized as Harry Palmer, the logistics of the project must have been daunting. He had neither the means nor the desire to bring the subjects into a studio. His intent was to show the subject in a familiar environment; he strove for the home which might also mean the corporate office, the waiting room, the studio or the lab. Palmer has been all over Canada and to points in Europe in search of his subjects. It is a story of uncommon success and some painful disappointments like his arduous trip to Cape Dorset where he was informed on arrival that the artist Kenojuak, whom he intended to photograph, had left the day before.

Palmer's requests to his subjects were simple and undemanding. He needed access and time. His subjects were instructed to dress in a way that seemed appropriate and made them feel comfortable. Within the environment they offered, Palmer moved them around into a place where light and ambience seemed best. He worked with a medium-format camera giving him flexibility and precious speed with the less-than-patient. Arrangements were not complicated but they were firm and Palmer once inside remained acutely aware that he was there to get a picture. Alone with his subject, Palmer looked about him and listened. When he describes the making of a portrait, he revisits the whole experience: his preconceptions or lack of them, the graciousness of the subject, and the appointments of the room. Palmer never gossips about his subjects; in fact, his background remarks offer little more than the portrait itself would reveal to a careful and informed examiner. The photograph is an unembellished visual transcription of an encounter. Palmer's image becomes his recollection of the subject.

In the body of work as a whole, there are marvellous observations to be made not only about the subjects but about photography in general. Although the Companions share a high degree of accomplishment in their respective fields, they have not all been photographed along the way. Their reactions to the process are wonderfully transparent. By their gestures, costumes and chosen surroundings, they demonstrate the level of comfort that even the best and brightest have reached about the camera. No one, it seems, is immune from the tortures of the family album or the passport. The liberty that Palmer accords his subjects results in a mediated version of their photographic development: part way between innocent and jaded.

In some cases, what we have is the reenacted image of a precursor or mentor: the model that must have sprung to the subject's mind when the appointment was made. There's an ironic no-nonsense to these pictures: Palmer has been led to the lab; the white coat has been donned; the still life of tanks and gleaming beakers lights the persona with clarity and a glint of self-deprecating humour. Elsewhere, unconsciously perhaps, the subject has guaranteed the artistry of the results by standing before and physically imitating a painting or a sculpture. The pros, on the other hand, demonstrate their ascendancy over the photographic order by flirting with the snapshot, unbuttoning their collars, contemplating their house plants and generally promoting an atmosphere of photo-geniality.

The naturalness that Palmer achieves in many of his portraits comes from a different relationship to the camera and perhaps to the world at large. The scientist, Dr. Kenneth Hare, who poses out-of-doors beside a can used for measuring rainwater, plainly was occupying himself in the yard before the photographic meeting; his damp shoes are recorded for the ages. Jean Vanier, who asked to be photographed with the residents of L'Arche, has given us an image of collective achievement; his personal legacy is one of humility and grace. The gentleness that often warms Palmer's portraits at no time diminishes our heroes and heroines. On the contrary, they are confirmed by his even treatment and by his own heroic perseverance as an itinerant photographer. Despite the so-called ubiquity of photography, to be photographed well remains a rare privilege and one that many people great and small have missed. Palmer has given us some wonderful portraits: Robertson Davies, basking leonine in a mystical natural light; Ludmilla Chiriaeff, her hand on the barre anchoring the perpetual dancer's body; the Honourable George Gale, a jurist cheerfully perched upon the garden bench; Robert Ford, diplomat and poet, whose intense outward gaze and tenderness for his companion are compellingly in balance.

In photographing the Companions, Palmer's own contribution to Canada has been remarkable. For a nation to possess carefully considered, finely crafted and enduring images of its gifted citizens underscores its brilliance and good fortune. To leaf through this book or to stand in a room with Palmer's photographs is to be reminded of what we have done and whom we have honoured as a nation.

Martha Langford
Director
Canadian Museum of Contemporary Photography
Ottawa, 1992

En 1984, son essai photographique sur la ville de Calgary et ses notabilités à peine achevé, Harry Palmer décida de se consacrer à un album de portraits des Compagnons de l'Ordre du Canada. Parmi les personnalités qu'il avait photographiées se trouvait en effet un membre de l'Ordre, et cette rencontre, en lui faisant prendre conscience de sa piètre connaissance du régime canadien de distinctions honorifiques, avait grandement excité sa curiosité. Dès ses premières recherches, Palmer découvrit que l'Ordre du Canada, créé en 1967, comptait déjà quelque 1 200 membres, dont 150 avaient été élevés au rang de Compagnon, l'honneur suprême. Gagné par l'enthousiasme, il prit la résolution de photographier tous les autres. Sept années d'efforts et d'abnégation n'ont jamais affaibli son ardeur au travail ni son intérêt pour ses sujets, et il y a fort à parier qu'il aurait mené son projet à terme même s'il avait su dans quelle galère il s'embarquait.

Comme en témoignent les musiciens de Walter Curtin, les mineurs de Larry Chrismas ou les écrivains de Sam Tata, une approche typologique de l'art du portrait, axée sur des classes à part, n'a rien d'exceptionnel chez les photographes documentaires. Mais une approche déterminée par des critères extrinsèques et qui met en valeur un échantillon représentatif des membres d'un groupe constitue un genre hybride où se conjuguent les techniques de numération et d'indexation des sciences sociales et l'expression de l'unicité et de l'intimité qui caractérise l'art du portrait. Aussi est-ce son éclectisme qui distingue le regroupement de Palmer de ceux de Curtin, de Chrismas et de Tata. Il n'est pas question ici de regarder et de confronter des personnes d'orientation ou de talent comparables. Nous sommes, au contraire, en face de gens aux réalisations intellectuelles, sociales, physiques ou politiques très diverses, qui ont en commun d'avoir été officiellement reconnus par leur pays, le Canada. Traduisant le crédit qu'avait pris à ses yeux le régime canadien de distinctions honorifiques, la décision de Palmer de photographier les Compagnons allait lui faire vivre une incroyable aventure. Muni d'une liste des Compagnons et d'une lettre de présentation, il partit donc à leur rencontre sans parfois connaître grand-chose à leur sujet.

Bien qu'organisateur chevronné, Palmer a quand même dû être saisi de vertige devant les exigences logistiques de son entreprise. Comme il avait exclu d'inviter ses sujets dans son studio, il lui fallait se rendre chez eux et les photographier dans le lieu de leur choix, leur milieu de vie ou de travail, qui pouvait être aussi bien leur foyer, leur bureau, une salle d'attente, un studio qu'un laboratoire. À la recherche de ses sujets, Palmer a parcouru tout le Canada et visité bien des endroits en Europe. L'histoire de la réalisation de *125 Portraits* en est une d'éclatants succès et de vives déceptions comme ce pénible voyage à Cape Dorset où il apprit que l'artiste Kenojuak, qu'il se proposait de photographier, avait dû s'absenter la veille de son arrivée.

À ses sujets, Palmer ne demandait que de lui consacrer le temps voulu et de s'habiller de façon à se sentir à l'aise et confortable. Dans le lieu qui lui avait été désigné, il cherchait d'abord le coin où la lumière et l'ambiance lui semblaient le plus appropriées. Cela fait, il entrait en action avec sa caméra — une 6 cm x 6 cm, qu'il avait choisie pour sa commodité et aussi sa rapidité face à ceux de ses sujets qui n'auraient pas érigé la patience en vertu. Peu compliquées, les dispositions qu'il arrêtait étaient fermes, car une fois dans le saint des saints, Palmer n'avait qu'un objectif en tête : en sortir avec une photographie. Seul avec son sujet, il l'écoutait et l'observait. Quand il décrit une séance, c'est l'ensemble de l'expérience qu'il revit : ses préjugés, s'il en avait, à l'égard de l'individu; l'aménité de son hôte; l'agencement de la pièce. À propos de ses sujets, Palmer reste d'une discrétion exemplaire; de fait, ses remarques les concernant ne révèlent rien d'autre que ce qu'un observateur attentif tirerait de l'examen de leur photographie, cette dernière étant en somme la simple transcription visuelle d'une rencontre, le souvenir iconographique d'une personne.

L'ensemble de cette œuvre nous suggère de merveilleuses réflexions autant sur les sujets eux-mêmes que sur la photographie en général. Si les Compagnons peuvent tous se targuer de réalisations exceptionnelles dans leurs domaines respectifs, il s'en faut qu'ils partagent une égale familiarité avec la caméra et leur comportement face à l'appareil est hautement révélateur. Par leur attitude, les vêtements et le cadre qu'ils ont choisis pour l'occasion, ils trahissent le degré d'aisance auquel même les meilleurs et les plus rusés ont atteint à cet égard. Personne, semble-t-il, n'échappe aux terribles contraintes de la photo d'album de famille ou de passeport, mais la latitude que Palmer accorde à ses sujets favorise l'expression médiatisée du degré d'évolution de leur « naturel » photographique; à mi-chemin entre la candeur et la lassitude.

Certains, un scientifique par exemple, s'efforcent de recréer l'image du précurseur ou du mentor qui, sans doute, s'est imposé à leur esprit au moment où le rendez-vous a été pris. Une gravité ironique imprègne ces photographies. Palmer est là, dans le laboratoire; le sujet a revêtu son sarrau blanc; la nature morte à la cuve et au vase à bec dégage une lumière qui irradie le personnage, lequel semble esquisser un sourire d'excuses. D'autres, inconsciemment peut-être, se sont assurés de la réussite artistique de la photographie en se plaçant devant un tableau ou une sculpture et en reprenant la pose du sujet. Les initiés, quant à eux, affirment leur maîtrise de l'ordre photographique en flirtant avec l'appareil au gré des instantanés, déboutonnant le col de leur chemise ou admirant leurs plantes d'appartement et, de façon générale, en affichant leur convivialité photographique.

Le naturel auquel Palmer atteint dans de nombreux cas reflète la diversité des rapports des sujets avec la caméra et la vie. Le Dr Kenneth Hare, un scientifique qui a choisi de se faire photographier à l'extérieur, à côté d'une cuve pluviométrique, travaillait manifestement dans son arrière-cour avant l'arrivée de Palmer; ses chaussures trempées passeront à l'histoire. Quant à Jean Vanier, qui avait tenu à s'entourer de résidents de l'Arche, il nous a légué l'image d'une réussite collective ainsi qu'une incarnation de l'humilité et de la douceur. La délicatesse qui émane souvent des portraits de Palmer ne ravale en rien nos héros et héroïnes. Bénéficiant d'un traitement égal, ils se voient, au contraire, confirmés par la persévérance héroïque de Palmer tout au long de son itinéraire photographique. Quoi qu'il en soit de la prétendue ubiquité de la photographie, c'est un rare privilège que d'être bien photographié, et peu de gens, les illustres comme les humbles, en ont joui. Palmer nous a enrichis de magnifiques portraits : Robertson Davies, tête léonine qu'auréole la lumière d'un jour mystique; Ludmilla Chiriaeff, éternelle ballerine, une main à la barre d'exercices; l'honorable George Gale, sourire du sage magistrat se reposant sur une chaise de jardin; Robert Ford, regard inquisiteur et ardent du diplomate poète qu'adoucit sa tendresse pour son fidèle compagnon.

En photographiant les Compagnons, Palmer a fait au Canada un don inestimable, car pareille collection d'images impérissables et si belles de ses citoyens les plus émérites témoigne du génie et de la grandeur du pays. Feuilleter le présent ouvrage ou s'imprégner dans une salle d'exposition des portraits de Palmer, c'est se pénétrer de nos réalisations collectives et perpétuer la mémoire de celles et de ceux qui ont « bien mérité de la patrie ».

Martha Langford
Directrice
Musée canadien de la photographie contemporaine
Ottawa 1992

When Harry Palmer first approached the National Archives of Canada in 1986 with his project to document all of Canada's living Companions of the Order of Canada, he wondered: Would we be interested? Were such portraits among the things we might collect?

Like most Canadians, Harry did not know that there existed within the Documentary Art and Photography Division of the National Archives of Canada a vibrant programme called the National Portrait Collection. Indeed, our institution had been collecting such images virtually since the founding of the National Archives in 1872. So large and comprehensive had the collection become that in 1967 it was officially recognized and, with the agreement of other cultural organizations such as the National Gallery, the National Archives took the lead in Canada as the major collector of documentary portraits of Canadians.

Do we collect portraits, Harry? Only about 4 million of them to date, most in the photography collections, where they make up about 25 percent of the total photography holdings. To these are added over 14,000 paintings, drawings, prints and medals, as well as several thousand philatelic items commemorating eminent personalities.

Do these portraits show only the famous citizens of Canada? Although many of them do, a total of 4 million is achieved only through a generous definition of what constitutes a nationally significant portrait. Next to the rare and exquisite *Four Indian Kings* painted in 1710 by Jan Verelst for Queen Anne of England is the delightful, vaguely primitive, 1833 watercolour by Thomas MacDonald, *Mrs. Marion Rankin*. Next to the embarrassed, anonymous immigrants newly landed at the Québec Immigration Centre in 1910 and photographed by the government photographer William James Topley is the breathtaking series of masterful portraits of Canadian and world figures by Yousuf Karsh, whose entire production over some fifty-five years, totalling more than 360,000 photographs, is in the National Portrait Collection.

These portraits are a visual link to our past as Canadians; they are important not only for the intriguing memory of actual people, but also for the symbolism of their sitters as participants in our common heritage. Here Canada's unity and diversity find expression, in portraits that tell us by gesture, by place, by costume, by date, by style, by size and costliness, by fragility and mediocrity, by technology, by frequency, by rarity, by their very survival, what these people meant to each other and what their own lives were meant to convey to the viewer who returned their gaze.

Their historical value is augmented in the National Archives by their proximity to other records within the institution which expand on the lives of these people and their contemporaries. The manuscript collections, the government documents and personnel records, and the cartographic, architectural, film, television and sound archives all provide new links placing the people in the portraits within a context which illuminates them and their times.

The value of the National Portrait Collection as a research resource is highlighted by the 1,000 enquiries received every year for portrait information, and by the frequent requests from other institutions to borrow material from our holdings: between 1987 and 1993, the National Archives expects to loan some 2,500 portraits to different exhibitions in the country and internationally. This loan to the Canadian Museum of Contemporary Photography of a selection from the more than 150 Harry Palmer portraits of the Companions of the Order of Canada held by the National Archives is one happy example of that ongoing commitment.

Contemporary portrait photography, the sphere Palmer's work entered, is a particular strength of the National Portrait Collection. In the distinguished company of Karsh are collections of Michel Lambeth, Ted Grant, Walter Curtin, John Reeves and Sam Tata, among a lengthy honour roll, all practitioners of documentary portraiture, and all schooled in the demanding world of photojournalism. The younger photographers, such as Andrew Danson, Kèro (Beaudoin-Hansen), Susie King, David Hlynsky and V. Tony Hauser, explore the portrait format in innovative ways, sometimes letting the sitter take control. The disenfranchised are there: Marik Boudreau and Suzanne Girard document the elderly unassimilated residents of a waning Montreal Chinatown; Dyan Jones focuses on octogenarians, Frank Pimentel on the habitués of the Dunlands Restaurant in Toronto's East End. Pamela Harris's project *Faces of Feminism* gives prominence to a grass-roots level of activism, while David Neel, a British Columbia native photographer, reflects the duality of modern chiefs and elders who alternate between traditional and street dress.

In such a democratic collection, the portraits Harry Palmer proposed to the National Archives of Canada were ideally suited. His Canadians, the Companions of the Order of Canada, were people of success and achievement; that success, however, was measured not in monetary or prestige terms, but in terms of talent, insight and a tender regard for humanity. These people were more than famous: they were admirable.

But how does a researcher use such celebratory photographs for documentary purposes? What can they say that penetrates past congratulations, how wonderful you look and it's a pleasure to meet you? Here is where the scope and volume of the documentary photography collections proves essential to the practice of historical analysis. The National Portrait Collection is not a simple aggregate of millions of discrete, individual pictures, each one an island unto itself. Rather, it is a web of threads, where one portrait's style, history, intent and content interweave with and may even have influenced many comparable or different portraits. Only through extensive comparison between many images can the shared characteristics among them, the typical and the general, be distinguished from those characteristics which are unique. Both the typical and the unique can then become genuinely revelatory of the creator and the sitter enmeshed within their epoch and of the interests and ideals of their moment in time.

JAMES BRUCE, THE EARL OF ELGIN AND KINCARDINE (LORD ELGIN), GOVERNOR GENERAL OF CANADA, 1848 COPY OF DAGUERREOTYPE BY THOMAS COFFIN DOANE PRIVATE COLLECTION/ NATIONAL ARCHIVES OF CANADA/C-291

Here's an example of how this comparative analysis works.

Harry Palmer's 1991 portrait of His Excellency Ramon Hnatyshyn, Governor General of Canada (page 151), can be compared to T.C. Doane's 1848 daguerreotype of Lord Elgin (left), who occupied the same post prior to Confederation, and to John Sartain's 1849 mezzotint of Lord Elgin (right), which was based upon the daguerreotype.

Superficially, all three portraits share many conservative characteristics: the two men are representatives of Canada's highest office; the portraits were created in Canada, with serious and respectful intent, in a simple, straightforward style, hardly appearing to allow room for artistic licence. Yet a closer comparison reveals a mass of subtle visual differences, the cumulative intent of which seems to be to argue a point with the viewer, rather than merely to display facts or information.

The photographer of 1848 was working under the constraints of a restrictive technology which imposed formality on sitters who had to remain still for many seconds; little flexibility in posing or lighting was feasible even if the sitter had condoned it. The printmaker was equally bound by a standardized style and technique, common to virtually all mezzotints of the period. With an original photograph as a basis, he could produce that most deceptive of images, one that looked truthful to the subject; bound by the standardized production techniques of the medium, the printmaker seemed to be the least interpretive or individualized intermediary.

Yet we are justified in asking if these two images from 1848 and 1849 are even of the same man. The daguerreotype dramatizes a person of great force of character, with a halo of light. The print made from it, typical of the many contemporary prints of upper-class individuals, transforms the sitter into a paternal father figure: it combs Lord Elgin's hair, tones down his tie, straightens and relaxes the lines of his body. His eyes have been moved away from the viewer; the dramatic lighting has been replaced by a quiet wash; his complexion is smooth, and a soft smile sits below calm nostrils which have lost their flare. These are attributes which have been given to Lord Elgin by his interpreter, the printmaker; so far have they strayed from the photograph that they do not necessarily express either Lord Elgin's own features or his character.

Ironically, it was the mezzotint which was intended for public consumption, while the daguerreotype was a private artifact, being made by a process which produced a unique image without a negative for replication. By this token, the mezzotint's usage tells more about the society that would create and disseminate it, judging it a desirable image of the Governor General, than it does about the man himself. Hence the National Portrait Collection will acquire many images apparently similar to each other, or many images in long series, knowing that revealing comparisons cannot be made without multiple images, while bias relies upon limited or edited sources to remain undetected.

What does all this have to do with Harry Palmer's portrait of Governor General Hnatyshyn? Comparison with the nineteenth-century images can reveal the significant shifts in attitude which have occurred in Canadian society between the past and the present. Despite an apparently similar role in creating a portrait of a public figure, the Governor General, Palmer's photographic technique is responding to new definitions of societal roles, of mores, of formality and of patriotism. Interestingly, however, accuracy of the person's features is still not a paramount consideration.

Specifically, light no longer sculpts a powerful silhouette nor blesses a calm social lion; it prompts a facial reaction against its effects by a man posed outdoors. The implication of immediacy, of uncontrolled real life, is underlined by the setting, reverberating with familiarity for every viewer who has taken a snapshot in front of a monument while on vacation. The costume is the ubiquitous business suit, with the modest Companion pin, not the regalia. The full-length pose of the Governor General, positioned at the left side of the photograph, leaves significant space for the World War I memorial, which dominates the right side with its commemoration of past soldiers — invisible "companions" in the photograph. A constant visual motion is set up as the eye is drawn from side to side over the "empty" centre space. The Governor General more than willingly shares the stage with symbols of patriotism and honour not centred on himself, either visually or contextually. This is a significant societal shift from the case of the 1849 mezzotint where the Governor General himself was both the exclusive visual interest on the page and the transformed symbolic object of a noble, stereotypical patriotism.

The democratic preference has clearly prevailed among portraits in the highest spheres of the land; yet has it altogether? A comparison with the Doane daguerreotype recalls the uniqueness and difficulty of that early photographic technique. Palmer too, takes minute and endless pains to ensure the perfection of each print: flawless gradations of grey produce lustrous three-dimensionality on a two-dimensional surface; the care of a master craftsman results in a rare image. The creation of both the daguerreotype and the Palmer print implies artistry, uniqueness, preciousness, expense. Despite the informal pose, Palmer's work is far from a family snapshot. On one level, this continues a traditional respect for the status of the portrait subject; while on another level, it fulfils the modern photographer's need to have artistic control of the product, to ensure the work's dependence on the creativity and talent of the originator.

In the daguerreotype, the interplay of the sitter's character with the photographer's skill and intent produced more a noble ego than a man. In the mezzotint, the requirements of technology and of public expectation created more a symbol than a man. In the Palmer portrait, the shared patriotism of sitter and photographer deliberately clarifies roles; symbol remains symbol and man remains man. Without these comparisons, such distinctions and such influences between cultures would be invisible, leading historians perhaps to accept the mezzotint as a truthful document of Lord Elgin, or Palmer's portrait as an inexplicable positioning of the Governor General by such a sophisticated craftsman, worthy only of being "properly cropped" and centred when reproduced for historical illustration. The National Portrait Collection ensures a rich body of portraiture amenable to such comparisons through an active acquisition programme which has amassed about 200,000 photographic and documentary art portraits annually since 1987.

To the delight of the archivists who viewed his work for possible acquisition, Harry Palmer's sensitive renditions consistently achieved a revelatory sharing; he translated each person's visage and surroundings into a reflection of fact which, while satisfyingly precise, still vibrated indefinably with that unspoken communication between sitter and viewer which is the essence of great portraiture.

Did the National Archives want any of Harry's series of Companions of the Order of Canada? Of course. We wanted them all!

Lilly Koltun
Director
Documentary Art and Photography Division
National Archives of Canada

Lorsque Harry Palmer a communiqué pour la première fois avec les Archives nationales du Canada, en 1986, pour faire part de son projet de réaliser des documents sur tous les Compagnons de l'Ordre du Canada encore de ce monde, il se demandait si ces portraits pouvaient nous intéresser. Est-ce qu'une telle collection trouverait sa place chez nous?

Comme la plupart des Canadiens, M. Palmer ne connaissait pas l'existence, au sein de la Division de l'art documentaire et de la photographie des Archives nationales du Canada, d'un dynamique programme d'acquisition connu sous le nom de Collection nationale de portraits. En fait, nous faisons collection de ces images presque depuis la fondation des Archives nationales, en 1872. La collection avait pris une telle ampleur qu'en 1967, elle a été officiellement reconnue et — avec l'accord d'autres organisations culturelles dont le Musée des beaux-arts du Canada — les Archives nationales du Canada sont devenues le principal collectionneur de portraits documentaires de Canadiens.

Est-ce que nous collectionnons les portraits, Harry? Les Archives nationales en possèdent actuellement quelque quatre millions, dont la majeure partie se trouve dans les collections de photographies où ils forment environ le quart du fonds total de photographies. À ces portraits s'ajoutent plus de 14 000 tableaux, dessins, estampes et médailles de même que plusieurs milliers de documents philatéliques commémorant d'éminents personnages.

S'agit-il uniquement de portraits de Canadiens connus? On en trouve beaucoup parmi les quatre millions que nous possédons, mais pour constituer une collection aussi volumineuse, nous avons dû adopter une définition assez large du portrait d'intérêt national. À côté du remarquable tableau *Les quatre rois indiens*, peint en 1710 par Jan Verelst pour la reine Anne d'Angleterre, on trouve un charmant portrait à l'aquarelle, d'un style vaguement primitif, Mme *Marion Rankin*, peint en 1833 par Thomas MacDonald. Les immigrants anonymes, à l'air embarrassé, nouvellement débarqués au centre d'immigration de Québec en 1910, photographiés par le photographe du gouvernement, William James Topley, voisinent avec une admirable série de portraits de personnalités canadiennes et étrangères photographiées par le grand Yousuf Karsh, dont la production totale (plus de 360 000 photographies prises au cours d'une cinquantaine d'années) se trouve dans la Collection nationale de portraits.

Ces portraits tissent un lien tangible avec notre passé; ils servent non seulement à satisfaire la curiosité des générations actuelles, mais ils symbolisent également le rôle joué par les sujets dans notre patrimoine commun. Pris ensemble, ils traduisent l'unité et la diversité du Canada et nous disent, par la pose, le lieu, l'habillement, la date, le style, les dimensions et la valeur, la fragilité ou la médiocrité, la technologie, la fréquence, la rareté, par le fait même qu'ils existent encore, ce que ces gens représentaient aux yeux des autres, ce que leur vie signifiait, le message qu'ils voulaient transmettre à ceux qui les regarderaient.

Leur signification historique est d'autant plus grande qu'aux Archives nationales, ces portraits voisinent avec d'autres documents traitant de la vie de ces gens et de leurs contemporains, soit les collections de manuscrits, les documents gouvernementaux et les papiers personnels, les archives cartographiques, architecturales, filmiques, télévisuelles et sonores, qui permettent de tracer des liens nouveaux entre les sujets et le milieu dans lequel ils vivaient, et de mieux les comprendre de même que leur époque.

La valeur de la Collection nationale de portraits en tant qu'instrument de recherche ne fait aucun doute, comme en témoignent les multiples demandes de renseignements que nous recevons à cet égard chaque année ainsi que les nombreuses demandes de prêt d'autres établissements. Entre 1987 et 1993, les Archives nationales prévoient prêter quelque 2 500 portraits pour diverses expositions au Canada et à l'étranger. Le prêt au Musée canadien de la photographie contemporaine d'une sélection de portraits des Compagnons de l'Ordre du Canada parmi plus de 150 que compte la collection Harry Palmer est un bel exemple de ce qui se fait aux Archives nationales dans ce domaine.

Le portrait contemporain, genre auquel appartient la collection Harry Palmer, est un point fort de la Collection nationale de portraits. On trouve, en plus de la remarquable collection de portraits de Karsh, des œuvres de Michel Lambeth, Ted Grant, Walter Curtin, John Reeves, Sam Tata, qui se sont tous illustrés dans le portrait documentaire et qui ont évolué dans le monde exigeant du photojournalisme. Les photographes plus jeunes, par exemple Andrew Danson, Kèro (Beaudoin-Hansen), Susie King, David Hlynsky et V. Tony Hauser, explorent la technique du portrait de façon innovatrice, souvent en laissant le sujet libre de ses actes. Les photographes des laissés-pour-compte ont également leur place : Marik Boudreau et Suzanne Girard documentent les résidents âgés non assimilés du quartier chinois de Montréal, lequel disparaît petit à petit; Dyan Jones choisit des octogénaires comme sujets; Frank Pimentel montre les habitués du restaurant Dunlands dans l'East End de Toronto. La collection *Les figures du féminisme* de Pamela Harris met en scène des féministes de la base tandis que David Neel, photographe autochtone de la Colombie-Britannique, montre la dualité du monde dans lequel évoluent les chefs modernes et les anciens, qui portent le costume traditionnel et des vêtements modernes.

Les portraits proposés par Harry Palmer conviennent parfaitement à la collection très variée que possèdent les Archives nationales. Les Compagnons de l'Ordre du Canada qu'il a photographiés sont des personnes qui ont réussi et qui ont réalisé de grandes choses; leur succès ne tient cependant pas à leur fortune ou à leur prestige, mais à leur talent, leur perspicacité et à la sympathie dont ils ont fait preuve envers l'humanité. Ces gens n'étaient pas seulement célèbres, ils étaient admirables.

Comment le chercheur utilise-t-il ces photographies élogieuses à des fins documentaires? Que peut-il en dire au-delà des louanges, des remarques flatteuses sur l'apparence et des formules d'usage? C'est là que se révèle l'importance déterminante de ces collections pour l'analyse historique. La Collection nationale de portraits n'est pas un simple ramassis de millions d'images distinctes, individuelles, sans rapport entre elles. Elle constitue un réseau dans lequel chaque image, de par son style, son histoire, son but et son contenu, possède des liens avec de nombreuses images comparables ou différentes ou peut-être même influe sur celles-ci. Seules des comparaisons attentives entre de nombreuses images permettent de distinguer les traits communs, typiques et généraux, des caractéristiques propres à chacune. Ces traits situent le créateur et le sujet dans leur époque et révèlent les intérêts et les idéaux du moment.

Voici un exemple d'informations que l'on peut recueillir grâce à l'analyse comparative.

Comparons la photographie de Son Excellence Ramon Hnatyshyn (page 151), Gouverneur général du Canada, que Palmer a prise en 1991, au daguerréotype réalisé en 1848 par T.C. Doane de Lord Elgin (à gauche), qui occupait le même poste avant la Confédération, ainsi qu'au mezzo-tinto de Lord Elgin (à droite) produit par John Sartain, en 1849, d'après ce même daguerréotype.

À première vue, ces trois portraits se ressemblent à bien des égards : les deux hommes ont occupé la plus haute fonction du pays, les portraits ont été faits au Canada, dans un but sérieux et respectueux, suivant un style simple et direct qui ne favorise guère la liberté artistique. Pourtant, un examen plus attentif révèle des différences nombreuses et subtiles qui, mises ensemble, ont l'air de vouloir susciter des réactions chez l'observateur, plutôt que de simplement exposer des faits ou présenter de l'information.

En 1848, la photographie était soumise à plusieurs contraintes technologiques : les sujets prenaient une pose rigide parce qu'ils devaient demeurer immobiles pendant de longues secondes; le choix des poses et de l'éclairage était limité, même si le sujet avait accepté des nouveautés de ce côté. Le graveur était lui aussi obligé de respecter un style et des techniques normalisés, caractéristiques de pratiquement tous les mezzo-tinto produits à cette époque. À partir d'une photographie originale, il pouvait produire une image des plus trompeuses, plus vraie que vraie, parce que ces techniques de production normalisées semblaient éliminer pratiquement toute possibilité d'interprétation de la part du graveur.

Pourtant, on a raison de se demander si ces deux portraits montrent bien la même personne. Le daguerréotype fait voir une personne dotée d'une grande force de caractère, entourée d'un halo de lumière. Dans la gravure faite à partir de ce portrait, qui est typique de nombreuses illustrations de gens de la haute société d'alors, le sujet a l'air d'un bon père de famille : les cheveux de Lord Elgin sont soigneusement peignés, sa cravate est moins foncée, l'axe du corps est précisé et plus détendu. Son regard s'est fait oblique, l'éclairage théâtral a été remplacé par un doux lavis, le teint est lisse et un léger sourire s'étire sous des narines détendues qui ont perdu leur rondeur. Ce sont des attributs qui ont été donnés à Lord Elgin par son interprète, le graveur; le mezzo-tinto est tellement différent de la photographie qu'on peut se demander s'il montre réellement Lord Elgin tel qu'il était ou son caractère.

C'est pourtant le mezzo-tinto qui était destiné au public; le daguerréotype était un objet privé obtenu à l'aide d'un procédé qui produisait une image unique sans l'aide d'un négatif permettant d'en tirer des épreuves. Ainsi, le mezzo-tinto en dit plus sur la société qui l'a produit et diffusé, qui le considérait comme une image souhaitable du Gouverneur général, que sur l'homme lui-même. Aussi la Collection nationale de portraits acquiert-elle quantité d'images en apparence similaires ou encore de nombreuses images appartenant à une longue série, sachant qu'il serait impossible de faire des comparaisons révélatrices sans avoir de nombreuses images et que le risque serait grand de faire des erreurs en se fiant à des sources restreintes ou révisées.

Et le portrait du Gouverneur général Hnatyshyn par Harry Palmer, que vient-il faire là-dedans? Si on le compare aux images datant du siècle dernier, on décèle les changements significatifs des attitudes qui séparent la société canadienne d'alors de celle d'aujourd'hui. Dans les deux cas, l'objectif paraît similaire : produire à l'intention du public une image du Gouverneur général. Toutefois, la technique de Palmer répond à des définitions nouvelles des rôles sociaux, des mœurs, de la rigueur et du patriotisme. Fait intéressant, la production d'un portrait qui reproduit avec exactitude les traits du sujet n'est toujours pas le but premier.

Plus précisément, la lumière ne modèle plus un profil énergique ni n'adoucit les traits; la vive intensité lumineuse cause un effet de grimace sur le visage d'un homme photographié à l'extérieur. L'impression d'immédiateté, de vraie vie, sans contrainte, est traduite par le cadre que reconnaît toute personne qui a pris un instantané devant un monument pendant ses vacances. Le sujet porte un complet ordinaire, la modeste épingle des Compagnons de l'Ordre du Canada fixée au revers, et non un costume d'apparat. Photographié de pied en cap, le sujet est situé du côté gauche de la photo, laissant beaucoup de place au monument aux morts de la Première Guerre mondiale, qui occupe tout le côté droit; le monument commémore les soldats morts au champ d'honneur, les « compagnons » invisibles. Notre regard se déplace constamment d'un côté à l'autre de la photographie, passant par-dessus le « vide » au milieu. Le Gouverneur général partage volontiers la vedette avec les symboles du patriotisme et de l'honneur sans les assumer lui-même. Cela représente un changement social significatif. Ce portrait diffère en tous points du mezzo-tinto de 1849 où l'accent est entièrement mis sur le Gouverneur général, qui devient ainsi le centre de l'intérêt visuel et le symbole du patriotisme stéréotypé dans toute sa noblesse.

Manifestement, l'esprit démocratique a transformé les portraits des personnalités de haut rang. Mais jusqu'à quel point, en vérité? Comparons le portrait de Palmer au daguerréotype de Doane tout en se rappelant le caractère unique et les difficultés que posait cette première technique photographique. Palmer déploie lui aussi d'infinis efforts pour obtenir des images parfaites : la gradation impeccable des gris donne une image tridimensionnelle sur une surface à deux dimensions; le soin apporté par un grand artisan produit une image d'une qualité rare. Pour faire ces deux portraits, Doane et Palmer ont mis à contribution leur sens artistique, ils ont voulu créer une œuvre unique, inestimable, sans ménager les efforts. En dépit des apparences, la photographie de Palmer est loin d'être un simple instantané. D'une part, on perpétue une respectueuse tradition à l'endroit de ce que représente le Gouverneur général et, d'autre part, l'épreuve satisfait au besoin du photographe moderne qui veut un contrôle artistique sur le produit, qui veut réaliser une œuvre originale reposant sur la créativité et le talent de son auteur.

Le jeu réciproque entre le caractère du sujet et le talent et les intentions du photographe a produit dans chaque cas des œuvres différentes. Dans le daguerréotype, c'est davantage l'image d'un noble ego que celle d'un homme qui s'impose; dans le mezzo-tinto, il s'agit surtout de la représentation d'un symbole plutôt que du portrait d'un homme tandis que, dans la photographie de Palmer, le sujet et le photographe partagent clairement le même sentiment patriotique, le symbole et l'homme restant ce qu'ils sont. Sans ces comparaisons, les distinctions et les influences entre les cultures seraient invisibles et les historiens seraient sans doute portés à considérer le mezzo-tinto comme une image réaliste de Lord Elgin ou le portrait du Gouverneur général par Palmer comme une photographie plutôt mal cadrée de la part d'un artiste aussi talentueux, qui devrait être « correctement recadrée » avant d'être reproduite dans des livres d'histoire. La riche Collection nationale de portraits permet justement de faire de telles comparaisons grâce à un programme d'acquisition dynamique qui permet de l'enrichir chaque année, depuis 1987, de quelque 200 000 portraits.

Au grand plaisir des archivistes qui ont examiné son œuvre en vue d'en faire éventuellement l'acquisition, les portraits chargés d'émotion de Harry Palmer ont tous donné une même impression : il a reproduit le visage de chaque sujet et de son environnement dans une image qui, tout en étant suffisamment précise, traduit de façon indéfinissable les échanges silencieux entre le sujet et l'observateur et atteint l'essence même d'une œuvre de grand talent.

Les Archives nationales voulaient-elles des portraits de la série sur les Compagnons de l'Ordre du Canada de Harry Palmer? Bien sûr, nous les voulions tous!

Lilly Koltun
Directeur, Division de l'art documentaire et de la photographie
Archives nationales du Canada

125 PORTRAITS

PORTRAITS ARE SHOWN IN
CHRONOLOGICAL ORDER,
ACCORDING TO DATE OF
APPOINTMENT.

LES PORTRAITS SONT
REPRODUITS SELON
L'ORDRE CHRONOLOGIQUE
DES NOMINATIONS.

The Right Honourable Roland Michener
1984
Appointed in 1967, he served as Governor General of Canada.
Nommé en 1967 en reconnaissance des services rendus en tant que Gouverneur général
du Canada.

Lieutenant-General E.L.M. Burns

1984

Appointed in 1967 for his service as chief advisor to the Canadian government
on disarmament conferences.

Nommé en 1967, il a été le principal conseiller du gouvernement canadien lors de diverses
conférences sur le désarmement.

Jean Drapeau

1986

Nommé en 1967 pour le dynamisme dont il a fait preuve en sa qualité de maire afin que
Montréal puisse accueillir l'Exposition universelle de 1967, favorisant ainsi l'essor de la ville.

Appointed in 1967 for his efforts, as mayor, in making Montréal the host of Expo 67 and
hence contributing to the growth of the city.

Maureen Forrester

1987

Appointed in 1987 for her contribution to the arts as a world renowned contralto and as
an influential member of the Canada Council.

Nommée en 1967 en reconnaissance de son apport à la vie artistique en tant que contralto
de renommée internationale et membre influent du Conseil des arts du Canada.

Walter C. Koerner

1984

Appointed in 1967 for his service to the arts as Honorary Life Vice-President of the
Vancouver Art Gallery and the Vancouver Symphony Society.

Nommé en 1967 pour son dévouement au service des arts à titre de vice-président d'honneur
à vie de la Vancouver Art Gallery et de la Vancouver Symphony Society.

Hugh MacLennan

1984

Appointed in 1967 for his novels such as **Two Solitudes**, about the conflicts between French and English Canadians in World War I, which have become Canadian classics.

Nommé en 1967 en témoignage de son œuvre littéraire et particulièrement de son roman **Two Solitudes**, qui traite des tensions entre francophones et anglophones lors de la Première Guerre mondiale et qui est désormais un classique de la littérature canadienne.

Lois Marshall

1987

Appointed in 1967 for her contribution to the arts as a world renowned soprano.
Nommée en 1967 pour sa contribution à la vie artistique en tant que soprano
internationalement acclamée.

Henry G. Thode

1984

Appointed in 1967 for his service in the fields of education and science as President and Vice-Chancellor of McMaster University.

Nommé en 1967 pour services rendus dans les domaines de l'éducation et de la science en tant que président et vice-chancelier de la McMaster University.

L'honorable Pauline Vanier

1988

Nommée en 1967 en témoignage de son œuvre humanitaire. Elle était l'épouse de Georges Vanier, ancien Gouverneur général du Canada.
Appointed in 1967 for her humanitarian deeds. She was the wife of Georges Vanier, former Governor General of Canada.

Le général Jean V. Allard

1987

Nommé en 1968 en témoignage de ses brillants états de service comme chef d'état-major des Forces armées canadiennes.

Appointed in 1968 in recognition of his brilliant military career as Chief of the Defence Staff of the Canadian Armed Forces.

Robert Choquette
1984
Nommé en 1968, il a servi le Canada comme poète, romancier, dramaturge, essayiste et diplomate.
Appointed in 1968 for his service to Canada as a poet, novelist, playwright, essayist, and diplomat.

Roger Gaudry

1984

Nommé en 1968 pour son apport à l'éducation et à la recherche scientifique, notamment dans le domaine de la chimie, en tant que recteur de l'Université de Montréal.

Appointed in 1968 for his contribution to education and to scientific research, in the field of chemistry, as President of the Université de Montréal.

Anne Hébert

1988

Nommée en 1968, elle s'est illustrée en tant que poète, dramaturge, romancière et lauréate de prix littéraires. Elle a influencé de nombreux écrivains au pays et à l'étranger.

Appointed in 1988. She is an award winning poet, playwright, and novelist whose works have influenced writers here and abroad.

Gerhard Herzberg

1984

Appointed in 1968 for his service as a physicist of international renown. He was Director of the Division of Pure Physics at the National Research Council.

Nommé en 1968 pour services rendus en tant que physicien de renommée internationale. Il a été directeur de la Division de la physique pure au Conseil national de recherches du Canada.

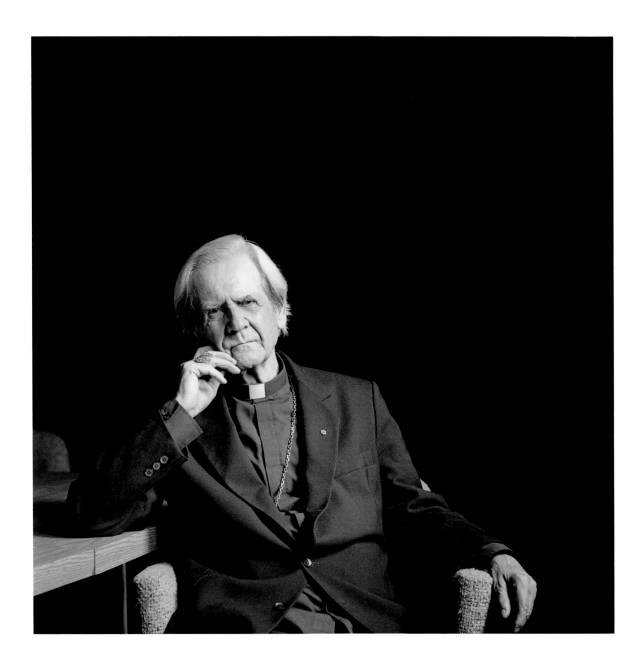

Son Éminence le Cardinal Paul-Émile Léger

1984

Nommé en 1968 pour son œuvre humanitaire en tant que missionnaire auprès des lépreux et des enfants handicapés du Cameroun.

Appointed in 1968 for his humanitarian deeds as a missionary among lepers and handicapped children in Cameroon.

Jean-Paul Lemieux

1987

Nommé en 1968, ce peintre canadien s'est signalé ici et à l'étranger par ses tableaux évoquant le Grand Nord canadien.

Appointed in 1968. An artist whose paintings, evocative of the Canadian North, are recognized here and abroad.

Arthur R.M. Lower

1987

Appointed in 1968 for fostering a deeper understanding of Canada through his historical writing and teaching.
Nommé en 1968, il a favorisé une meilleure compréhension du Canada par son enseignement et ses écrits historiques.

Christopher Plummer

1991

Appointed in 1968 for his contribution as an actor to the performing arts here and abroad.

Nommé en 1968 pour sa contribution en tant que comédien à l'essor des arts de la scène au Canada et à l'étranger.

Pierre Dansereau

1984

Nommé en 1969, M. Dansereau, écologiste de renommée internationale, a su transmettre à ses étudiants des valeurs scientifiques de première importance.

Appointed in 1969. Internationally renowned ecologist. As an educator, he has transferred important scientific values to his students.

Ruth Frankel

1984

Appointed in 1969. Active in the field of cancer research and treatment, and volunteer education, she established the R.H. Frankel Humanitarian Award.

Nommée en 1969, elle s'est consacrée à la recherche et au traitement du cancer et à la formation des bénévoles. Elle a institué le R.H. Frankel Humanitarian Award.

William Hutt

1987

Appointed in 1969 for his contribution to the performing arts as a distinguished leading player in Canada and abroad.

Nommé en 1969 en témoignage de son apport aux arts de la scène au Canada et à l'étranger en tant qu'interprète de haute distinction.

The Honourable N.A.M. MacKenzie
1984

Appointed in 1969 for his contributions to policy making in the areas of labour law, international law, and university education.
Nommé en 1969, il a contribué à l'élaboration des politiques relatives au droit du travail, au droit international et à l'enseignement universitaire.

Jean Martineau

1984

Nommé en 1969, il a servi le Canada en tant qu'administrateur dans les domaines des arts, des affaires et de la justice.
Appointed in 1969 for serving Canada as an administrator in the fields of the arts, business and justice.

Charles S.A. Ritchie

1984

Appointed in 1969 for distinguished service in the field of diplomacy, including a term as High Commissioner for Canada in London.

Nommé en 1969 en témoignage des éminents services qu'il a rendus au pays dans le domaine de la diplomatie, il a notamment été Haut-commissaire du Canada à Londres.

Doctor H. Rocke Robertson

1984

Appointed in 1969 for services in the fields of medicine and education, notably as Principal of McGill University.

Nommé en 1969 pour son apport dans les domaines de la médecine et de l'éducation, principalement à titre de recteur de l'Université McGill.

Cardinal Louis-Albert Vachon
1987
Nommé en 1969, il a contribué, par ses écrits, au développement de la politique canadienne et internationale en matière d'enseignement universitaire.
Appointed in 1969 for his writings contributing to Canadian and international education policy.

A. Davidson Dunton

1984

Appointed in 1970 for his contribution as Co-Chairman of the 1963 Royal Commission on Bilingualism and Biculturalism, and first full-time Chairman of the Canadian Broadcasting Corporation.

Nommé en 1970, il s'est illustré comme coprésident de la Commission royale d'enquête sur le bilinguisme et le biculturalisme (1963), et comme premier titulaire à plein temps du poste de président de la Société Radio-Canada.

Gérard Filion

1991

Nommé en 1970 pour son apport en tant que rédacteur en chef du journal **Le Devoir**, membre de la Commission royale du Québec sur l'éducation et directeur de plusieurs sociétés.

Appointed in 1970. Publisher of **Le Devoir**, member of Québec's Royal Commission on Education, and head of several corporations.

The Honourable Henry D. Hicks

1987

Appointed in 1970 for his service in the fields of government and education as President and
Vice-Chancellor of Dalhousie University, and Premier of Nova Scotia.

Nommé en 1970 pour son dévouement à la chose publique et à l'éducation à titre de président et
de vice-chancelier de la Dalhousie University et de premier ministre de la Nouvelle-Écosse.

Luc Lacourcière

1987

Nommé en 1970, M. Lacourcière, ethnologue de réputation internationale, s'est illustré par ses recherches sur le folklore canadien.
Appointed in 1970 for his research in the field of Canadian folklore. He is an internationally renowned ethnologist.

The Honourable J.W. Pickersgill

1984

Appointed in 1970 for services as a public servant, politician, historian, and as an advisor to Prime Ministers MacKenzie King and Louis Saint-Laurent.

Nommé en 1970 pour services rendus en tant que haut fonctionnaire, homme politique, historien et conseiller des premiers ministres MacKenzie King et Louis Saint-Laurent.

Sœur Ghislaine Roquet
1984
Nommée en 1970 pour son apport à la réforme de l'enseignement au Québec. Sr Roquet enseigne la philosophie.
Appointed in 1970. Professor of philosophy. For her participation in educational reform in Québec.

Thomas John Bata

1984

Appointed in 1971 for his contribution to industrial development at home and abroad as
a leading shoe manufacturer.
Nommé en 1971 pour son rôle dans le développement industriel au pays et à l'étranger en tant
qu'important manufacturier de chaussures.

Le docteur Claude Bertrand
1984
Nommé en 1971, il a contribué à l'avancement de la neurochirurgie par ses travaux de recherche.
Appointed in 1971 for his research contributing to the advancement of neurosurgery.

The Honourable Florence Bird

1984

Appointed in 1971 for her service as journalist, broadcaster, senator, and Chairman of the Royal Commission on the Status of Women in Canada.

Nommée en 1971 pour services rendus en qualité de journaliste de la presse écrite et électronique, de sénateur et de présidente de la Commission royale d'enquête sur la situation de la femme au Canada.

Robert A.D. Ford

1986

Appointed in 1971 for his service to Canada in diplomacy and literature.
Nommé en 1971 pour services rendus au pays en tant que diplomate et homme de lettres.

Doctor Robert B. McClure

1984

Appointed in 1971 for his service to humanity, particularly as a medical missionary.
Nommé en 1971, il a généreusement servi l'humanité, notamment à titre de missionnaire médical.

Escott M. Reid

1987

Appointed in 1971 for his distinguished service as diplomat, international public servant, and educator.

Nommé en 1971 en témoignage de ses éminents services en tant que diplomate, haut fonctionnaire international et éducateur.

L'honorable Louis J. Robichaud

1984

Nommé en 1971 pour services rendus au Nouveau-Brunswick en tant que premier ministre.
Appointed in 1971 for his service to New Brunswick as Premier.

Guy Rocher

1984

Nommé en 1971, les travaux de ce sociologue dans les domaines de l'éducation et de l'enseignement font toujours autorité.
Appointed in 1971 for his authoritative work in the field of sociology on education and teaching.

Harry S. Somers

1984

Appointed in 1971, he is a founding member of the Canadian League of Composers. His opera
Louis Riel was commissioned for Canada's centennial.

Nommé en 1971, il est membre fondateur de la Ligue canadienne de compositeurs. Son opéra,
Louis Riel, fut commandé pour célébrer le centenaire du Canada.

Mario Bernardi

1985

Appointed in 1972, he is a musician of international renown who formed the National Arts Centre Orchestra and was its first conductor.

Nommé en 1972, M. Bernardi, musicien de renommée internationale, a fondé l'orchestre du Centre national des arts, dont il a été le premier chef.

Marie-Claire Blais

1987

Nommée en 1972 pour son apport manifeste à la littérature canadienne en tant qu'auteure de **La Belle Bête**, roman qui a été traduit en anglais sous le titre de **Mad Shadows**.

Appointed in 1972 for her contribution to Canadian literature as writer of novels such as **La Belle Bête**, translated into English as **Mad Shadows**.

Robertson Davies

1984

Appointed in 1972 for his many contributions to literature, theatre and journalism. He is best known for his novels, notably the Deptford trilogy.

Nommé en 1972 pour sa contribution multiple à la littérature, au théâtre et au journalisme. Il est surtout réputé pour ses romans, notamment sa trilogie Deptford.

Northrop Frye

1984

Appointed in 1972 for his insightful commentaries on Canadian culture as a seminal literary critic of the twentieth century.

Nommé en 1972, il s'est illustré par ses analyses pénétrantes de la culture canadienne en tant que critique influent de la littérature du XXe siècle.

Gustave Gingras

1988

Nommé en 1972 pour ses travaux de portée internationale dans le domaine de la réadaptation et en tant que fondateur-directeur de l'Institut de réadaptation de Montréal.

Appointed in 1972 for his internationally renowned work in the field of rehabilitation and as founding director of the Institut de réadaptation de Montréal.

Chester A. Ronning

1984

Appointed in 1972 for his contribution to the Canadian diplomatic service, particularly in the Far East.

Nommé en 1972 pour son apport au renforcement de la diplomatie canadienne, notamment en Extrême-Orient.

Marcel Vincent

1984

Nommé en 1972 pour sa contribution dans le domaine des affaires pendant une vie au service de Bell Canada.

Appointed in 1972 for his contribution to Canadian business during a lifetime of service with Bell Canada.

George Ignatieff

1984

Appointed in 1973, he is a diplomat and expert in East-West relations, and has spoken eloquently on behalf of disarmament causes.

Nommé en 1973, M. Ignatieff, diplomate et spécialiste des relations Est-Ouest, a plaidé avec éloquence la cause du désarmement.

Norman McLaren

1984

Appointed in 1973 for his influential work in animated film as a filmmaker and as head of the National Film Board's animation department.

Nommé en 1973 pour l'influence déterminante qu'il a exercée sur le cinéma d'animation en tant que cinéaste et directeur du service d'animation de l'Office national du film du Canada.

Alfred Rouleau

1984

Nommé en 1973 pour sa contribution au développement économique à titre de président de plusieurs sociétés financières canadiennes et de membre du Conseil économique du Canada.

Appointed in 1973 for his contribution to economic development as president of several Canadian financial institutions, and as a member of the Economic Council of Canada.

L'honorable Claude Castonguay

1987

Nommé en 1974 en témoignage de sa contribution au programme de bien-être social du Québec en tant que ministre de la Santé, de la Famille et du Bien-être social.

Appointed in 1974 in recognition of his contribution to the social assistance program of Québec as Minister of Health, Family, and Welfare.

His Eminence Cardinal George B. Flahiff

1984

Appointed in 1974 for his distinguished service as Archbishop of Winnipeg and as a professor of Medieval History at the University of Toronto.

Nommé en 1974 pour son insigne contribution en tant qu'archevêque de Winnipeg et de professeur d'histoire médiévale à la University of Toronto.

The Honourable Emmett Matthew Hall

1984

Appointed in 1974 for his contributions to the improvement of health services and education.
Nommé en 1974, pour le rôle qu'il a joué dans l'amélioration des services de santé et
d'enseignement.

L'honorable Gabrielle Léger

1991

Nommée en 1974, elle s'est illustrée par le soutien qu'elle a apporté à son mari, Jules Léger, Gouverneur général du Canada, après qu'il eut souffert d'un accident cérébro-vasculaire. Elle l'a aidé à s'acquitter de ses tâches et, notamment, à prononcer, à une occasion, le discours du trône.

Appointed in 1974, she was instrumental during the term of her husband Jules Léger, the former Governor General of Canada, particularly after he suffered a stroke., in helping him attend to his official duties and, on one occasion, in helping him deliver the throne speech.

Louis Quilico

1987

Appointed in 1974. Baritone of international renown, who, as a teacher at the University of Toronto, helped to develop several important young singers.

Nommé en 1974, M. Quilico, baryton de réputation internationale, a formé plusieurs jeunes chanteurs de premier plan alors qu'il enseignait à la University of Toronto.

J. Tuzo Wilson

1984

Appointed in 1974, he has contributed to the dissemination of scientific knowledge,
and to scholarship, notably in the field of geophysics.
Nommé en 1974 en reconnaissance de son rôle dans la diffusion des connaissances scientifiques
et le développement des études universitaires, notamment en géophysique.

Jean Gascon

1986

Nommé en 1975 pour son rôle dans l'épanouissement du théâtre au Canada en tant que comédien, metteur en scène et cofondateur de l'École nationale de théâtre.

Appointed in 1975 for his role in the development of theatre in Canada as an actor, director, and founder of the National Theatre School.

William H. Gauvin

1984

Nommé en 1975 pour son apport à la planification de la politique scientifique et au génie chimique au sein de l'industrie, de l'État et du monde universitaire.

Appointed in 1975 for his contribution to science policy and chemical engineering in the industrial, governmental and academic fields.

A. Edgar Ritchie

1984

Appointed in 1975 for a lifetime of service to his country in the field of international relations.
Nommé en 1975 pour services rendus à son pays dans le domaine des relations internationales.

Helen Hogg

1984

Appointed in 1976, she is a leading world astronomer in the field of star clusters.
Nommée en 1976, Mme Hogg est une spécialiste de réputation internationale des amas stellaires.

The Honourable Paul Martin

1990

Appointed in 1976 for a lifetime of service to Canada, at home and abroad, as politician and public servant.

Nommé en 1976 pour avoir consacré sa vie à servir le Canada au pays et à l'étranger en tant qu'homme politique et haut fonctionnaire.

The Honourable George Alexander Gale

1984

Appointed in 1977 for serving as Chief Justice of Ontario and Vice-Chairman of the Ontario Law Reform Commission.

Nommé en 1977 pour son dévouement à la cause de la justice à titre de juge en chef de l'Ontario et de vice-président de la Commission de réforme du droit de l'Ontario.

Le général Jacques-A. Dextraze
1984
Nommé en 1978 en raison de ses états de service au sein des Forces armées canadiennes,
notamment à titre de chef d'état-major.
Appointed in 1978 for his service to the Canadian Armed Forces as Chief of the Defence Staff.

L'honorable Gérard Pelletier

1988

Nommé en 1978 en témoignage des services qu'il a rendus au pays en tant que rédacteur en chef de **La Presse**, chroniqueur au journal **Le Devoir**, diplomate et membre du Parlement.

Appointed in 1978 in recognition of his service to Canada as Editor-in-chief of **La Presse**, as a columnist with **Le Devoir**, as a diplomat, and as a Member of Parliament.

The Most Reverend Edward W. Scott

1984

Appointed in 1978 for his commitment to people and their problems on an international scale as Moderator of the Central Committee of the World Council of Churches.

Nommé en 1978, le révérend Scott, modérateur du comité central du Conseil œcuménique des Églises, s'est signalé à l'échelle internationale par sa volonté de résoudre les problèmes humains.

Paul Gérin-Lajoie

1984

Nommé en 1979 pour services rendus en tant que président de l'Agence canadienne de développement international et ministre de l'Éducation du Québec.

Appointed in 1979 for his service as President of the Canadian International Development Agency and as Minister of Education in Québec.

John Charles Polanyi

1984

Appointed in 1979 for his work in nuclear disarmament and for his concern for the relation between science and society.

Nommé en 1979, M. Polanyi, promoteur du désarmement nucléaire, s'est toujours soucié des rapports entre la science et la société.

The Right Honourable Edward Schreyer and Lily Schreyer
1991
Appointed in 1979. The former Governor General of Canada and his wife.
Nommés en 1979. L'ancien Gouverneur général du Canada et son épouse.

The Honourable Wishart Flett Spence
1984

Appointed in 1979 for his service during a distinguished legal and judicial career highlighted by a term as justice of the Supreme Court of Canada.

Nommé en 1979, il a eu une brillante carrière d'avocat et de magistrat et s'est illustré en tant que juge de la Cour suprême du Canada.

Doctor D. Harold Copp

1985

Appointed in 1980 for his contributions to health care by discovering the hormone calcitonin and by serving on many scientific and medical bodies in Canada and abroad.

Nommé en 1980 en reconnaissance de sa contribution à la médecine par la découverte d'une hormone, la calcitonine, et sa participation aux travaux de nombreux organismes scientifiques et médicaux au Canada et à l'étranger.

Larkin Kerwin

1986

Appointed in 1980 for his research on atomic and molecular physics, which has contributed to the advancement of science in Canada.

Nommé en 1980 pour ses travaux de recherche en physique atomique et nucléaire, qui ont favorisé l'avancement de la science au Canada.

Roger Lemelin

1987

Nommé en 1980 pour son apport à la littérature canadienne en tant qu'auteur de **Au pied de la pente douce** et **Les Plouffe**.

Appointed in 1980 for his contribution to Canadian literature as author of **Au pied de la pente douce** and **Les Plouffe**.

The Honourable Pauline McGibbon

1984

Appointed in 1980 for her service as chairman of the National Arts Centre and Director of
Massey Hall, and as Ontario's first woman lieutenant-governor.

Nommée en 1980, elle a été présidente du Centre national des arts, directrice de Massey Hall,
et fut la première femme à accéder au poste de lieutenant-gouverneur de l'Ontario.

Margaret Atwood

1984

Appointed in 1981, she is considered Canada's most prominent literary figure, both here and abroad.

Nommée en 1981, elle est considérée aussi bien au Canada qu'à l'étranger comme la personnalité littéraire la plus marquante de notre pays.

Alexander Colville

1986

Appointed in 1981 for his contribution to the arts in Canada as a renowned artist,
a teacher, and a member of numerous cultural boards and commissions.
Nommé en 1981 pour son apport insigne aux arts au Canada en tant qu'artiste
de premier plan, enseignant et membre d'innombrables commissions et conseils culturels.

L'honorable Paul David
1986

Nommé en 1981 pour son apport en tant que cardiologue de réputation internationale et fondateur de l'Institut de cardiologie de Montréal.

Appointed in 1981 for his contribution as an internationally renowned heart specialist and as founder of the Institut de cardiologie de Montréal.

The Honourable Thomas C. Douglas

1984

Appointed in 1981 for his influence on Canadian social policy as leader of the federal New Democratic Party.

Nommé en 1981 pour son apport au développement de la politique sociale canadienne à titre de chef du Nouveau Parti démocrate à l'échelle fédérale.

Arthur C. Erickson

1984

Appointed in 1981 for designing some of Canada's most impressive architecture, including such buildings as Simon Fraser University, Roy Thompson Hall, and the Bank of Canada.

Nommé en 1981 pour avoir conçu certains des édifices les plus impressionnants du Canada, notamment la Simon Fraser University, le Roy Thompson Hall et la Banque du Canada.

Antonine Maillet

1984

Nommée en 1981, Mme Maillet, dramaturge acadienne, est connue au Canada et à l'étranger pour la création d'un personnage à la fois universel et profondément acadien, **La Sagouine**.

Appointed in 1981, she is an Acadian playwright who is known across Canada and abroad for her universal, yet distinctively Acadian character, **La Sagouine**.

Yvette Brind'Amour

1984

Nommée en 1982 pour son interprétation et sa présentation de nombreuses pièces classiques et modernes en tant que fondatrice et directrice artistique du Théâtre du Rideau Vert à Montréal.

Appointed in 1982 for her interpretations of classic and modern plays as founder and artistic director of the Montréal theatre company, the Théâtre du Rideau Vert.

Morley Callaghan

1984

Appointed in 1982 for his contribution to Canadian literature as a novelist, short story writer, and broadcaster.

Nommé en 1982 pour sa contribution à l'essor de la littérature canadienne à titre de romancier, nouvelliste et radiodiffuseur.

His Eminence Gerald Emmett Cardinal Carter

1984

Appointed in 1982 for his service in Canada and in Rome on commissions on liturgy, canon law, and interfaith relations.

Nommé en 1982 pour sa participation, au Canada et à Rome, aux travaux de commissions sur la liturgie, le droit canonique et l'œcuménisme.

Christopher Pratt

1988

Appointed in 1983, he is an internationally renowned artist whose paintings have become the classic expression of Atlantic Canada.

Nommé en 1983, M. Pratt est un artiste de renommée internationale dont les tableaux sont une évocation désormais classique de la région de l'Atlantique.

Floyd S. Chalmers

1987

Appointed in 1984 for his extraordinary generosity in support of the arts in Canada.
Nommé en 1984 pour la générosité exceptionnelle dont il a fait preuve au service des arts au Canada.

Ludmilla Chiriaeff

1984

Appointed in 1984 for her contribution to the arts as founding director of Les Grands Ballets Canadiens.

Nommée en 1984 pour son apport à la vie artistique canadienne en tant que fondatrice des Grands Ballets Canadiens.

Francess G. Halpenny

1984

Appointed in 1984 for her contributions to scholarly editing, including the editing of the monumental *Dictionary of Canadian Biography*.

Nommée en 1984 pour son apport dans le domaine de la publication d'ouvrages d'érudition, notamment en dirigeant la rédaction du monumental *Dictionnaire biographique du Canada*.

Joseph Morris

1987

Appointed in 1984 for his role in strengthening the trade union movement.
Nommé en 1984 pour sa contribution au renforcement du mouvement syndical au Canada.

Oscar E. Peterson

1984

Appointed in 1984, he has enhanced Canada's musical reputation and championed the equality
of our ethnic minorities.

Nommé en 1984, M. Peterson, ambassadeur musical du Canada à l'étranger, a éloquemment
défendu au pays la cause de l'égalité des minorités ethniques.

La très honorable Jeanne Sauvé
1987
Nommée en 1984, elle a servi son pays en tant que Gouverneur général du Canada.
Appointed in 1984, she served as Governor General of Canada.

L'honorable Maurice Sauvé

1987

Nommé en 1984, M. Sauvé, époux de Jeanne Sauvé, a été membre du Parlement et membre du Conseil privé.
Appointed in 1984. The husband of Jeanne Sauvé served as a member of Parliament and member of the Privy Council.

S. Robert Blair

1987

Appointed in 1985 for encouraging Canadian resource independence as President and Chief Executive Officer of NOVA, an Alberta corporation.

Nommé en 1985, il a, en tant que président-directeur général de la société albertaine NOVA, favorisé l'autonomie du Canada dans le domaine des ressources naturelles.

Celia Franca

1987

Appointed in 1985, she has played a central role in developing one of the major ballet companies in the world as founder and artistic director of The National Ballet of Canada.

Nommée en 1985, Mme Franca, fondatrice du Ballet national du Canada, a joué un rôle clé dans le développement de l'une des plus importantes compagnies de danse du monde.

Doctor Phil Gold

1986

Appointed in 1985, his research has helped produce antibodies that can detect and identify which type of cancer is present in the human system.

Nommé en 1985 pour ses recherches qui ont contribué à la production d'anticorps capables de déceler un cancer présent dans l'organisme humain et d'en identifier le type.

J. Maurice Leclair

1986

Nommé en 1985 pour services rendus au pays au sein du ministère de la Santé et du Bien-être social, du ministère d'État des Sciences et de la technologie et du Canadien national.

Appointed in 1985 for his services to Canada with the Ministry of Health, Ministry of Science and Technology, Treasury Board, and Canadian National.

Betty Oliphant

1987

Appointed in 1985, the Director of the National Ballet School has trained dancers of
international renown.
Nommée en 1985, elle a formé, en tant que directrice de l'École nationale de ballet, nombre de
danseurs et de danseuses de réputation internationale.

Le très honorable Pierre Elliott Trudeau

1988

Nommé en 1985 pour services rendus au pays en tant que premier ministre, avocat, professeur et auteur.

Appointed in 1985 for his service to Canada as Prime Minister, lawyer, teacher, and author.

Pierre Berton

1987

Appointed in 1986 for his fascinating interpretations of Canadian history through his career as an author, journalist, and broadcaster.

Nommé en 1986, il a, tout au long d'une carrière d'écrivain, de journaliste et de télédiffuseur, proposé des interprétations passionnantes de l'histoire canadienne.

Paul Desmarais

1987

Nommé en 1986, il s'est illustré en tant que dirigeant d'entreprises et par ses nombreuses
activités au service de la collectivité, de l'éducation et des arts.

Appointed in 1986 for his activities in the community, education, and the arts. He is one of
Canada's most successful business leaders.

The Honourable Edgar Peter Lougheed
1990
Appointed in 1986 for his service as Premier of Alberta.
Nommé en 1986 pour services rendus en tant que premier ministre de l'Alberta.

L'honorable Jean Marchand

1986

Nommé en 1986, il a, à titre de président du Sénat et de champion du fédéralisme québécois, joué un rôle clé dans le débat de 1981 sur la réforme de la Constitution.

Appointed in 1986, he played a central role in the 1981 constitutional debate as Speaker of the Senate and as a strong defender of Québec federalism.

The Honourable Joseph R. Smallwood
1988
Appointed in 1986 for his services to Newfoundland as premier and elder statesman.
Nommé en 1986 pour services rendus à la province de Terre-Neuve comme premier ministre
et homme politique chevronné.

Jean Vanier

1988

Nommé en 1986, M. Vanier, théologien et philosophe, a consacré sa vie au mieux-être des handicapés physiques et mentaux adultes.
Appointed in 1986, he is a theologian and philosopher who has devoted his life to the well-being of physically and mentally handicapped adults.

Gerald K. Bouey

1987

Appointed in 1987 for his role in combating inflation and stabilizing the Canadian economy as Governor of the Bank of Canada.

Nommé en 1987 pour son rôle dans la lutte contre l'inflation et dans la stabilisation de l'économie canadienne à titre de Gouverneur de la Banque du Canada.

Allan Gotlieb

1991

Appointed in 1987 for his public service in the areas of international and domestic law, human rights, and the impact of technology on the law.

Nommé en 1987 en reconnaissance de sa contribution au bien public dans les domaines du droit international et national, des droits de la personne et des effets de la technologie sur la loi.

F. Kenneth Hare

1987

Appointed in 1987 for his work as a climatologist in Canadian environmental matters and his involvement in the International World Study on Global Change.

Nommé en 1987 pour son apport en tant que climatologue dans le domaine de l'environnement au Canada et pour sa participation au Programme international sur la géosphère et la biosphère.

Jean-Louis Roux

1988

Nommé en 1987 pour sa contribution à l'essor du théâtre canadien à titre de metteur en scène, auteur dramatique, comédien et cofondateur du Théâtre du Nouveau Monde.

Appointed in 1987 for his contribution to Canadian theatre as a theatre director, writer, actor, and as co-founder of the Théâtre du Nouveau Monde.

Laurent Robert Beaudoin

1991

Nommé en 1988, il a, en tant que président de Bombardier inc., propulsé son entreprise au rang des plus grandes entreprises canadiennes en favorisant l'innovation technologique. Il a par ailleurs apporté son soutien à d'innombrables activités sociales et culturelles.

Appointed in 1988, he made the Bombardier company one of Canada's most successful corporations by encouraging technological innovations and he has supported a wide range of social and cultural activities.

David M. Culver

1988

Appointed in 1988 for his work to improve economic ties between Canada and the Pacific Rim countries as Chairman of the Business Council on National Issues.

Nommé en 1988, il s'est consacré, à titre de président du Conseil canadien des chefs d'entreprises, à l'amélioration des relations entre le Canada et les pays en bordure du Pacifique.

Gordon F. Henderson

1988

Appointed in 1988 for his contribution to numerous humanitarian causes as one of Canada's top lawyers.

Nommé en 1988 en reconnaissance de son apport remarquable à de nombreuses causes humanitaires. M. Henderson est l'un des plus éminents avocats canadiens.

Mavor Moore

1989

Appointed in 1988 for his role in the development of the theatre arts in Canada as a playwright, producer, theatrical administrator, librettist, and actor.

Nommé en 1988 en reconnaissance de son apport au développement des arts de la scène au Canada en tant que dramaturge, producteur, administrateur, librettiste et comédien.

William S. Fyfe

1991

Appointed in 1989 for his advocacy of science in the service of the world community.
Nommé en 1989 en reconnaissance de ses efforts persévérants pour mettre la science
au service de la communauté internationale.

Gratien Gélinas

1991

Nommé en 1989 pour son apport au monde canadien de la radio, du théâtre, de la télévision et du cinéma.

Appointed in 1989 for his contribution to Canadian radio, theatre, television, and cinema.

L'honorable Louise Marguerite Renaude Lapointe
1991

Nommée en 1989, elle est l'une des premières femmes canadiennes à faire carrière dans le journalisme et la première femme à présider le Sénat du Canada.
Appointed in 1989, she was one of the first women to embark on a career in journalism and the first woman to be speaker of the Senate of Canada.

Robert F. Legget

1991

Appointed in 1989 for his contributions as an engineer, geologist, educator, historian, and writer.
Nommé en 1989, il s'est illustré comme ingénieur, géologue, éducateur, historien et écrivain.

The Right Honourable Brian Dickson

1991

Appointed in 1990 for his contribution to Canadian law as the Chief Justice of the Supreme Court of Canada.

Nommé en 1990 en reconnaissance de sa contribution à l'avancement du droit au Canada en tant que juge en chef de la Cour suprême du Canada.

Martha Henry

1991

Appointed in 1990, she has won awards for her performances in theatre, film and television.
Nommée en 1990, elle a remporté divers prix pour ses interprétations au théâtre, au cinéma
et à la télévision.

Her Excellency Gerda Karen Hnatyshyn
1991

Appointed in 1990, the wife of the Governor General of Canada is a co-founder of PRIDE Canada, an organization that deals with drug problems among youth.

Nommée en 1990, l'épouse du Gouverneur général du Canada est la cofondatrice de PRIDE Canada, organisation qui vient en aide aux jeunes toxicomanes.

His Excellency the Right Honourable Ramon John Hnatyshyn
1991
Appointed in 1990, he is the present Governor General of Canada.
Nommé en 1990, il est l'actuel Gouverneur général du Canada.

Yousuf Karsh

1991

Appointed in 1990, he is a photographer with an international reputation for his portraits of prominent men and women.
Nommé en 1990, il est un photographe connu à travers le monde pour ses portraits d'hommes et de femmes célèbres.

Sylvia Ostry

1991

Appointed in 1990 for her contribution to economic policy planning of Canada's international affairs as a public servant and economist.

Nommée en 1990 en reconnaissance de son apport à la planification de la politique économique internationale du Canada en sa qualité de haut fonctionnaire et d'économiste.

Rowland C. Frazee

1991

Appointed in 1991 for service as director of corporations such as the Royal Bank of Canada, Air Canada, and the Power Corporation of Canada.

Nommé en 1991 pour services rendus en tant que dirigeant d'entreprises telles que la Banque Royale du Canada, Air Canada et Power Corporation du Canada.

Karen Kain

1991

Appointed in 1991, she is one of Canada's finest dancers and is known internationally for both her classical and contemporary works.

Nommée en 1991, elle est l'une des meilleures ballerines canadiennes. Son interprétation d'œuvres tant classiques que contemporaines est fort estimée à l'échelle internationale.

The Honourable William Rogers McIntyre
1991
Appointed in 1991 for his service as a judge on the Supreme Court of Canada.
Nommé en 1991 pour services rendus en tant que juge de la Cour suprême du Canada.

Harry Palmer was born in Calgary, Alberta, in 1930. He became interested in photography at age 12, when his first darkroom was built in a closet.

Palmer's commitment to photography developed during a 30-year engineering career in the petroleum and manufacturing industries. For many of those years, he managed the social and environmental aspects of major engineering projects. His job allowed him to travel widely and meet Canadians from all walks of life, paving the way for his later work as an itinerant photographer.

Although Palmer is largely self-taught, he took two photography courses. The first was with Harry Thomson, a Calgary surgeon and photographer who had studied with Ansel Adams. In 1979, he took a short course from Paul Caponigro which inspired him to pursue photography as an art form.

Since 1981, Palmer has had 24 solo exhibitions in galleries and museums across Canada. His photographs appear in several collections, including those of the Canadian Museum of Contemporary Photography, External Affairs Canada, the Canada Council Art Bank, the National Archives of Canada, Government House and, in France, the Bibliothèque nationale.

Calgary: Places and People, published in 1983, is a photographic essay of Palmer's home city. *125 Portraits* is his second book.

Currently, Palmer is working on a project on Canadian war veterans and their monuments, as well as a project entitled, *Je me souviens*, which will explore his relationship with the people and places of Québec City.

BIOGRAPHICAL NOTES

NOTICE BIOGRAPHIQUE

Né en 1930 à Calgary, en Alberta, Harry Palmer s'est intéressé à la photographie dès l'âge de douze ans, alors qu'il a eu accès à sa première chambre noire, installée dans un placard.

Sa vocation de photographe s'est ensuite affirmée progressivement au cours des trente années qu'il a consacrées à sa carrière d'ingénieur au sein des industries pétrolières et manufacturières, où il fut le plus souvent responsable des aspects sociaux et environnementaux de grands chantiers. Son travail l'y poussant, il a sillonné le pays et rencontré une multitude de Canadiens de divers milieux.

Autodidacte pour l'essentiel, Palmer a cependant été l'élève de Harry Thomson, un chirurgien de Calgary qui avait étudié la photographie auprès d'Ansel Adams, puis a profité en 1979 des leçons de Paul Caponigro qui l'ont incité à pratiquer la photographie artistique.

Depuis 1981, Palmer a fait l'objet de vingt-quatre expositions individuelles dans des galeries et des musées de tous les coins du pays. On retrouve de ses œuvres dans plusieurs collections, dont celles du Musée canadien de la photographie contemporaine, du ministère des Affaires extérieures, de la Banque d'œuvres d'art du Conseil des arts du Canada, des Archives nationales du Canada, de la Bibliothèque nationale de France et de la Résidence du Gouverneur général du Canada.

Calgary : Places and People, publié en 1983, est un essai photographique sur la ville natale de Palmer; *125 Portraits* constitue son deuxième ouvrage.

Deux projets retiennent présentement son attention : le premier porte sur les anciens combattants et les monuments érigés à leur mémoire et le second, *Je me souviens*, sur les rapports qu'il entretient avec la ville de Québec, ses gens et ses lieux.

THE COMPANIONS OF
THE ORDER OF CANADA

LES COMPAGNONS DE
L'ORDRE DU CANADA

ALLARD, LE GÉNÉRAL JEAN V.
1968

ARCHIBALD, EDGAR S.
1967

ARTHUR, ERIC R.
1968

ATWOOD, MARGARET
1981

BAKER, LIEUTENANT-COLONEL E.A.
1967

BAND, CHARLES S.
1969

BARBEAU, MARIUS
1967

BATA, THOMAS J.
1971

BEAUDOIN, LAURENT ROBERT
1988

BEETZ, L'HONORABLE JEAN
1989

BELL, ROBERT E.
1971

BERNARDI, MARIO
1972

BERTON, PIERRE
1986

BERTRAND, LE DOCTEUR CLAUDE
1971

BEST, CHARLES H.
1967

BIRD, THE HONOURABLE FLORENCE
1971

BISSELL, CLAUDE T.
1969

BLAIR, S. ROBERT
1985

BLAIS, MARIE-CLAIRE
1972

BOUEY, GERALD K.
1987

BOYD, WILLIAM
1968

BRADFIELD, JOHN R.
1973

BRAIS, F. PHILIPPE
1970

BRIND'AMOUR, YVETTE
1982

BRONFMAN, SAMUEL
1967

BRYCE, THE HONOURABLE ROBERT B.
1968

BURNS, LIEUTENANT-GENERAL E.L.M.
1967

CADIEUX, MARCEL
1969

CALLAGHAN, MORLEY
1982

CAMPBELL, THE HONOURABLE THANE A.
1973

CARTER, HIS EMINENCE
GERALD EMMETT CARDINAL
1982

CARTWRIGHT, THE RIGHT HONOURABLE
JOHN R.
1970

CASGRAIN, L'HONORABLE THÉRÈSE F.
1974

CASTONGUAY, L'HONORABLE CLAUDE
1974

CHALMERS, FLOYD S.
1984

CHEVRIER, L'HONORABLE LIONEL
1967

CHIRIAEFF, LUDMILLA
1984

CHISHOLM, G. BROCK
1967

CHOQUETTE, L'HONORABLE FERNAND
1972

CHOQUETTE, ROBERT
1968

CLARK, HIS GRACE
THE MOST REVEREND HOWARD H.
1970

CLYNE, THE HONOURABLE JOHN V.
1972

COLDWELL, THE HONOURABLE M.J.
1967

COLVILLE, ALEXANDER
1981

COPP, DOCTOR D. HAROLD
1980

CORMIER, LE RÉVÉREND PÈRE CLÉMENT
1972

CORRY, JAMES A.
1968

CREIGHTON, DONALD G.
1967

CRERAR, THE HONOURABLE THOMAS A.
1973

CRUMP, NORRIS R.
1971

CULLITON, THE HONOURABLE
EDWARD MILTON
1981

CULVER, DAVID M.
1988

CURRIE, BALFOUR W.
1972

DAGENAIS, CAMILLE A.
1982

DANIELLS, ROY
1971

DANSEREAU, PIERRE
1969

DAVID, L'HONORABLE PAUL
1981

DAVIDSON, GEORGE F.
1972

DAVIES, ROBERTSON
1972

DAVIS, THE HONOURABLE WILLIAM G.
1985

DE GRANDPRÉ, ALBERT JEAN
1987

DE GRANDPRÉ, LOUIS-PHILLIPPE
1971

DEFRIES, ROBERT D.
1970

DESMARAIS, PAUL G.
1986

DEXTRAZE, LE GÉNÉRAL JACQUES-A.
1978

DEUTSCH, JOHN J.
1969

DICKSON, THE RIGHT HONOURABLE BRIAN
1990

DOUGLAS, THE HONOURABLE
THOMAS C.
1981

DRAPEAU, JEAN
1967

DREW, LIEUTENANT-COLONEL
THE HONOURABLE GEORGE A.
1967

DUNTON, A. DAVIDSON
1970

DUPUY, PIERRE
1967

ERICKSON, ARTHUR C.
1981

ESTEY, THE HONOURABLE WILLARD Z.
1990

EVANS, JOHN ROBERT
1978

FARIBAULT, MARCEL
1971

FAUTEUX, LE TRÈS HONORABLE GÉRALD
1974

FILION, GÉRARD
1970

FLAHIFF, HIS EMINENCE
CARDINAL GEORGE B.
1974

FLEMINGTON, THE REVEREND W.T. ROSS
1971

FORD, ROBERT A.D.
1971

FORRESTER, MAUREEN
1967

FORSEY, THE HONORABLE EUGENE ALFRED
1988

FORTIER, LE DOCTEUR CLAUDE
1970

FORTIER, L. YVES
1991

FOULKES, GENERAL CHARLES
1968

FOX, TERRANCE STANLEY
1980

FRANCA, CELIA
1985

FRANKEL, RUTH
1969

FRAPPIER, LE DOCTEUR ARMAND
1969

FRAZEE, ROWLAND C.
1991

FROST, THE HONOURABLE LESLIE M.
1969

FRYE, NORTHROP
1972

FYFE, WILLIAM S.
1989

GAGE, WALTER H.
1971

GALE, THE HONOURABLE
GEORGE ALEXANDER
1977

GARSON, THE HONOURABLE STUART S.
1971

GASCON, JEAN
1975

GAUDRY, ROGER
1968

GAUVIN, WILLIAM H.
1975

GÉLINAS, GRATIEN
1989

GENDRON, PIERRE R.
1970

GENEST, LE DOCTEUR JACQUES
1967

GÉRIN-LAJOIE, PAUL
1979

GIGUERE, PAUL-ANTOINE
1970

GINGRAS, GUSTAVE
1972

GIRARDIN, J.-C. EMILE
1969

GIROUX, ROLAND
1977

GOLD, DOCTOR PHIL
1985

GOLDSCHMIDT, NICHOLAS
1989

GORDON, DONALD
1968

GORDON, THE HONOURABLE WALTER L.
1976

GOTLIEB, ALLAN
1987

GRAHAM, DUNCAN A.
1968

GRANDBOIS, ALAIN
1967

GRAY, JAMES LORNE
1969

GUINDON, LE TRÈS RÉVÉREND PÈRE ROGER
1973

HALL, THE HONOURABLE
EMMETT MATTHEW
1974

HALPENNY, FRANCESS G.
1984

HANSEN, RICHARD M.
1987

HARE, F. KENNETH
1987

HARRIS, LAWREN S.
1969

HARRISON, JAMES M.
1971

HÉBERT, ANNE
1968

HEENEY, ARNOLD
1968

HENDERSON, GORDON F.
1988

HENRY, MARTHA
1990

HERZBERG, GERHARD
1968

HICKS, THE HONOURABLE HENRY D.
1970

HITSCHMANOVA, LOTTA
1979

HNATYSHYN, HER EXCELLENCY
GERDA KAREN
1990

HNATYSHYN, HIS EXCELLENCY
THE RIGHT HONOURABLE RAMON JOHN
1990

HOGG, HELEN
1976

HUTT, WILLIAM
1969

IGNATIEFF, GEORGE
1973

JACKSON, A.Y.
1967

JENNESS, DIAMOND
1968

JEWISON, NORMAN
1991

JOBIN, RAOUL
1967

JUDSON, THE HONOURABLE WILFRED
1978

KAIN, KAREN
1991

KARSH, YOUSUF
1990

KEENLEYSIDE, HUGH L.
1969

KELLOCK, THE HONOURABLE ROY L.
1970

KENOJUAK
1982

KERWIN, LARKIN
1980

KOERNER, WALTER C.
1967

LACOURCIÈRE, LUC
1970

LAPOINTE, L'HONORABLE
LOUISE MARGUERITE RENAUDE
1989

LASKIN, THE RIGHT HONOURABLE BORA
1984

LAURENCE, MARGARET
1971

LECLAIR, J. MAURICE
1985

LE DAIN, THE HONOURABLE GERALD ERIC
1989

LÉGER, L'HONORABLE GABRIELLE
1974

LÉGER, LE TRÈS HONORABLE JULES
1973

LÉGER, SON ÉMINENCE LE CARDINAL
PAUL-ÉMILE
1968

LEGGET, ROBERT F.
1989

LEMELIN, ROGER
1980

LEMIEUX, JEAN-PAUL
1968

LESAGE, L'HONORABLE JEAN
1970

LÉVESQUE, LE TRÈS RÉVÉREND PÈRE
GEORGES HENRI
1979

LEWIS, DAVID
1976

LEWIS, WILFRID BENNETT
1967

LISMER, ARTHUR
1967

LOCKE, THE HONOURABLE CHARLES H.
1971

LONERGAN, THE REVEREND BERNARD
1970

LOUGHEED, THE HONOURABLE
EDGAR PETER
1986

LOWER, ARTHUR R.M.
1968

MACAULAY, JOHN A.
1967

MACDONNELL, THE HONOURABLE JAMES M.
1967

MACKENZIE, C. JACK
1967

MACKENZIE, THE HONOURABLE N.A.M.
1969

MACKINTOSH, W.A.
1967

MACLENNAN, HUGH
1967

MACMILLAN, SIR ERNEST
1969

MACMILLAN, HARVEY R.
1970

MACMILLAN, NORMAN JOHN
1974

MAILLET, ANTONINE
1981

MANNING, THE HONOURABLE ERNEST C.
1969

MARCHAND, L'HONORABLE JEAN
1986

MARION, LÉO
1967

MARSHALL, LOIS
1967

MARTIN, THE HONOURABLE PAUL
1976

MARTINEAU, JEAN
1969

MARTLAND, THE HONOURABLE RONALD
1982

MASSEY, THE RIGHT HONOURABLE VINCENT
1967

MCCAIN, H. HARRISON
1991

MCCLURE, DOCTOR ROBERT B.
1971

MCGIBBON, THE HONOURABLE
PAULINE
1980

MCGREGOR, GORDON R.
1968

MCINTYRE, THE HONOURABLE
WILLIAM ROGERS
1991

MCKINNON, HECTOR B.
1968

MCLAREN, NORMAN
1973

MCLAUGHLIN, COLONEL R.S.
1967

MCLUHAN, MARSHALL
1970

MCNAIR, THE HONOURABLE J.B.
1967

MICHENER, NORAH EVANGELINE
1971

MICHENER, THE RIGHT HONOURABLE
ROLAND
1967

MILLER, AIR CHIEF MARSHAL, FRANK R.
1972

MILNER, H.R.
1969

MOORE, J. MAVOR
1988

MORGAN, MOSES OSBORNE
1973

MORRIS, JOSEPH
1984

MURRAY, ANNE
1984

MURRAY, DONALD W.G.
1967

NEATBY, HILDA
1967

NEMETZ, THE HONOURABLE
NATHANIEL THEODORE
1989

NEWMAN, PETER CHARLES
1990

OLIPHANT, BETTY
1985

OSTRY, SYLVIA
1990

OUIMET, J. -ALPHONSE
1968

OUTERBRIDGE, COLONEL
THE HONOURABLE SIR LEONARD C.
1967

PARENT, MONSEIGNEUR ALPHONSE-MARIE
1967

PARKIN, JOHN C.
1972

PEARKES, THE HONOURABLE GEORGE R.
1967

PEARSON, THE RIGHT HONOURABLE
LESTER B.
1968

PELLAN, ALFRED
1967

PELLETIER, L'HONORABLE GÉRARD
1978

PELLETIER, WILFRID
1967

PENFIELD, WILDER G.
1967

PÉPIN, L'HONORABLE JEAN-LUC
1977

PETERSON, OSCAR E.
1984

PICARD, LAURENT A.
1976

PICKERSGILL, THE HONOURABLE J. W.
1970

PIGEON, L'HONORABLE LOUIS-PHILIPPE
1980

PLUMMER, CHRISTOPHER
1968

POLANYI, JOHN CHARLES
1979

POULIOT, ADRIEN
1972

PRATT, CHRISTOPHER
1983

QUASTEL, JUDA H.
1970

QUILICO, LOUIS
1974

RAND, THE HONOURABLE IVAN C.
1968

RASMINSKY, LOUIS
1968

RÉGIS, LE RÉVÉREND PÈRE LOUIS-MARIE
1971

REID, ESCOTT M.
1971

RIOPELLE, JEAN-PAUL
1969

RITCHIE, A. EDGAR
1975

RITCHIE, CHARLES S.A.
1969

RITCHIE, THE HONOURABLE ROLAND A.
1985

ROBARTS, THE HONOURABLE JOHN P.
1972

ROBERTSON, THE HONOURABLE GORDON
1976

ROBERTSON, DOCTOR H. ROCKE
1969

ROBERTSON, NORMAN A.
1967

ROBICHAUD, L'HONORABLE LOUIS J.
1971

ROBINETTE, JOHN J.
1973

ROBLIN, THE HONOURABLE DUFFERIN
1970

ROCHER, GUY
1971

RONNING, CHESTER A.
1972

ROQUET, SOEUR GHISLAINE
1970

ROULEAU, ALFRED
1973

ROUSSEAU, ROGER
1976

ROUX, JEAN-LOUIS
1987

ROY, GABRIELLE
1967

ROY, SON ÉMINENCE LE CARDINAL MAURICE
1971

SAULNIER, LUCIEN
1971

SAUVÉ, LA TRÈS HONORABLE JEANNE
1984

SAUVÉ, L'HONORABLE MAURICE
1984

SCHREYER, THE RIGHT HONOURABLE
EDWARD
1979

SCHREYER, LILY
1979

SCOTT, THE MOST REVEREND EDWARD W.
1978

SCOTT, FRANCIS R.
1967

SEDGWICK, JOSEPH
1974

SÉGUIN, FERNAND
1988

SELYE, DOCTOR HANS
1968

SHAW, ROBERT F.
1967

SIMINOVITCH, LOUIS
1988

SIMONDS, LIEUTENANT-GENERAL GUY
1970

SMALLWOOD, THE HONOURABLE JOSEPH R.
1986

SOLANDT, OMOND M.
1970

SOMERS, HARRY S.
1971

SPENCE, THE HONOURABLE
WISHART FLETT
1979

SPINKS, JOHN W.T.
1970

SPRY, GRAHAM
1970

STEPHENSON, SIR WILLIAM S.
1979

ST-LAURENT, LE TRÈS HONORABLE LOUIS S.
1967

SUTTO, JANINE
1991

TASCHEREAU, LE TRÈS HONORABLE
ROBERT
1967

THODE, HENRY G.
1967

THOMPSON, W.P.
1967

THORLAKSON, DOCTOR P. H.T.
1970

TOWERS, GRAHAM F.
1969

TRUDEAU, LE TRÈS HONORABLE
PIERRE ELLIOTT
1985

TWAITS, WILLIAM O.
1973

VACHON, CARDINAL LOUIS-ALBERT
1969

VANIER, JEAN
1986

VANIER, L'HONORABLE PAULINE
1967

VAUGHAN, MURRAY
1969

VICKERS, JON
1968

VINCENT, MARCEL
1972

WILGRESS, L. DANA
1967

WILLAN, HEALEY
1967

WILSON, THE HONOURABLE BERTHA
1991

WILSON, J. TUZO
1974

WRIGHT, HAROLD M.
1986

PRODUCTION / PRODUCTION :

CANADA COMMUNICATION GROUP / GROUPE COMMUNICATION CANADA

CANADIAN MUSEUM OF CONTEMPORARY PHOTOGRAPHY / MUSÉE CANADIEN DE
LA PHOTOGRAPHIE CONTEMPORAINE

THINKDESIGN

EDITING AND FRENCH ADAPTATION OF BIOGRAPHICAL INFORMATION AND
MARTHA LANGFORD'S ESSAY / RÉVISION ET ADAPTATION FRANÇAISE DE L'INFORMATION
BIOGRAPHIQUE ET DU TEXTE DE MARTHA LANGFORD : ALPHASCRIPT

INFORMATION ON THE COMPANIONS WAS PROVIDED BY GOVERNMENT HOUSE. / LES
RENSEIGNEMENTS AU SUJET DES COMPAGNONS NOUS PROVIENNENT DE LA RÉSIDENCE DU
GOUVERNEUR GÉNÉRAL

COLOUR SEPARATIONS / SÉPARATION DES COULEURS :

COLOUR FOUR GRAPHIC SERVICES LTD., CALGARY (ALBERTA)

PRINTING / IMPRESSION :

PAPERWORKS PRESS LIMITED., CALGARY (ALBERTA)